Marcel Moyse

Ein außergewöhnlicher Mensch

Eine musikalische Lebensbeschreibung
von Trevor Wye

IMPRESSUM

Wye, Trevor
Marcel Moyse – ein außergewöhnlicher Mensch
Originaltitel: Marcel Moyse – An extraordinary man
Winzer Press, Cedar Falls, Iowa, USA 1993
herausgegeben von Angeleita S. Floyd

© 1993 by Trevor Wye
© für die deutschsprachige Ausgabe
Musikverlag Zimmermann, Frankfurt am Main 1996
für Deutschland, Österreich und die Schweiz
ISBN 3-921729 65-3
ISM N M-010-00019-0
ZM 00019

Übersetzung: Martin Schmidt
1. Auflage

Satz und Druck: Arno Brynda GmbH, Berlin Schöneberg

Für Dot, in Liebe

Celine

„...61 Jahre lang nährte sie meine Begeisterung. Sie verstand. Sie gab mir
Mut, der Aufgabe weiter zu folgen, an der ich so viel Freude hatte...ich bin
glücklich, daß ihr Name neben dem meinen stehen wird...Ohne sie hätte ich
die wundervollsten Dinge in meinem Leben nie vollendet. Ich kann mir nur
wünschen, daß damit jemand zufrieden ist.

...ich muß aufhören...meine Gefühle überwältigen mich."

Inhalt

Verzeichnis der Abbildungen

Kapitel 6

Anhang

Vorwort

Von Louis Moyse

Abb. 1 Louis Moyse, Frühling 1987

Das Schicksal eines Menschen ist unvorhersehbar...

Als glücklicher kleiner Junge in seinem Heimatort ahnte mein Vater nicht, was das Schicksal für ihn vorgesehen hatte.

Er wurde mit einer schweren Last geboren, schmerzlich einerseits, gleichwohl sehr lohnend.

Er war der uneheliche Sohn eines Mannes, der ihn nicht als Sohn anerkannte, und seine Mutter starb wenige Tage nach seiner Geburt. (Man bedenke, daß uneheliche Kinder zu bekommen damals – vor hundert Jahren – als Verbrechen angesehen wurde und Schande über das unglückliche Kind brachte). Ich glaube, die Umstände seiner Geburt wurden ihm weitestgehend verschwiegen. Seine Großeltern mütterlicherseits lernte er mit etwa sieben Jahren kennen. Wie er erzählte, war seine (inoffizielle) Adoptivmutter für ihn die echte Mutter und ihre beiden Töchter für ihn seine richtigen Schwestern. Gleichwohl wußte er, daß er nach dem Mädchennamen seiner Mutter 'Marcel Joseph Moyse' getauft worden war.

Nun, ich vermute, er hat die Erinnerungen an den Beginn seines Lebens ein wenig durcheinander gebracht. Wir müssen die Geschichte akzeptieren wie sie ist, ohne zu versuchen, sie zu erhellen.

Die Qual begann schon früh, als man ihn zu einer neuen Familie und in ein neues Leben nach Besançon, Doubs, etwa 130 Kilometer nördlich von St. Amour, brachte. Dabei wurde er mit Schwierigkeiten konfrontiert, die er noch nicht verstehen konnte und lernte, das Leben und die Liebe mit einer gewissen Härte zu sehen. Diese unglücklichen Umstände formten seine Persönlichkeit und bereiteten ihn auf die Zukunft vor. Außer seinem starken Willen, seiner Intelligenz, der Ehrlichkeit, dem Mut und seinen musikalischen Fähigkeiten wurden ihm vier Schutzengel in die Wiege gelegt, die sein Schicksal formten und in Szene setzten.

„Memée" Perretier, die ihm Liebe und Geborgenheit gab; „Papa" Angelloz (Liebhaberflötist in Besançon), der ihm die ersten Stunden gab und die Grundlagen der Musik lehrte; sein Onkel Joseph Moyse (Cellist in Paris), der sein frühzeitig entwickeltes Talent sah und ihn um 1903 nach Paris holte; und schließlich meine Mutter, die ihn zum Glück oder zum Unglück heiratete. Ohne diese vier Personen wäre sein Leben wahrscheinlich anders verlaufen; dennoch bin ich überzeugt, daß er, was immer er in seinem Leben angepackt hätte, Erfolg gehabt haben würde, weil der Keim in ihm steckte, ein besonderer Mensch zu werden.

Mein Vater war eine Naturgewalt.

Wie Berlioz schöpfte er seine Stärke aus der Bindung zur französischen Heimat (mit starken, nicht immer einfachen Charakterzügen). Er versprühte Lebendigkeit in alle Richtungen. Ist es nicht bemerkenswert, daß nach seinem Tod der „Place des quattre vents" (Platz der vier Winde) in seinem Heimatdorf offiziell „Place Marcel Moyse" benannt wurde? Diese Geste war sicher von den Kommunalpolitikern nicht beabsichtigt, aber sie paßt gut zu meines Vaters Lebenseinstellung.

Selbst ein Waisenkind zu sein und darunter sehr gelitten zu haben, führte gegenüber seiner eigenen Familie zu einer ausgeprägt patriarchalischen Haltung. Er schenkte allen Liebe und Geborgenheit – auch seinen engsten Freunden und Schülern – erwartete aber im Gegenzug vollständige Unterwerfung unter seine Regeln. Er war von Natur aus großzügig, half allen in seinem Umfeld mit Geld, auch wenn er es sich nicht leisten konnte, stürzte sich in Schulden, um Verwandten, Freunden und sogar Fremden zu helfen, die in existenziellen Schwierigkeiten waren.

Oft hörten wir ihn sagen: „...immer wenn ich in meinem Leben sehr arm war, sagte ich mir selbst: 'Marcel, wenn du genügend Geld in der Tasche hast, um einige Tage zu überstehen, solltest du dich glücklich schätzen....'" Diese Einstellung half ihm sehr, sein wechselvolles Lebens zu meistern.

Wenn Dinge nicht nach seinen Vorstellungen liefen oder wenn er das Gefühl hatte, jemand zweifelte an seiner moralischen Integrität oder seinen musikalischen Wertvorstellungen, konnte er aber auch nachtragend sein. In solchen Fällen wurde er gemein und wahrte in seinen Reaktionen manchmal nicht mehr die Verhältnismäßigkeit der Mittel.

Er besaß einen ausgeprägten Gerechtigkeitssinn.

Einmal, er war etwa 11 Jahre alt, warf er einem Lehrer, der ihn seiner Meinung nach ungerecht behandelt hatte, ein Tintenfaß an den Kopf! (Natürlich bezahlte er am nächsten Tag für diese Tat: Acht Lehrer warteten mit harten Stöcken am Eingang der Schule auf ihn...).

Am Ende des ersten Weltkrieges waren wir arm. Ich erinnere mich an einen Heiligen Abend (nur wir drei – meine Schwester Marguerite war noch nicht geboren) mit französischem Stangenweißbrot und Milchkaffee. Mehr konnte er sich nicht leisten... trotzdem war er eine Kämpfernatur und gab nie auf. Diese „eingebaute" Kampflust half ihm sehr, wenn er sich mit Krankheiten oder Not auseinandersetzen mußte.

Weil dieses Buch sicher viele Informationen zu seiner außergewöhnlichen Karriere bieten wird, will ich darüber nicht sprechen, möchte aber hinzufügen, daß ich die stärkste Zuneigung, Respekt und Bewunderung sowohl für die Person als auch für den Musiker, Flötisten und Interpreten Marcel Moyse empfinde.

Claude Dorgeuille, Verfasser von „The french flute school 1860-1950", schrieb über meinen Vater: „ ... ebenso überrascht es, daß keiner seiner Lehrer versuchte, eine solche Ansatzposition zu korrigieren ..." (Seite 46, 2. Absatz, Bingham, London, 1986). Na und? Wo ist das Problem? Das Ergebnis rechtfertigt die Mittel. Man braucht kein Experte im Flötenspiel zu sein, um zu verstehen, daß der Ansatz eine sehr individuelle Sache ist. (Gaubert war in dieser Hinsicht schrecklich: er brauchte immer einige Sekunden um die Ansatzposition unter seinem Schnurrbart zu finden, aber Gott weiß, wie wundervoll sein Ton war). Der Ansatz wird nicht am Beginn der Studien fürs ganze Leben festgelegt sondern kann sich sehr wohl über die Jahre verändern.

Ich kenne viele Flötisten, die liebend gerne einen schiefen Ansatz gehabt hätten, wenn sie damit Moyse ähnlich gewesen wären ... Die einzigartige Tonqualität von Moyse und die Art, wie er sie einsetzte, blieben zu seinen Lebzeiten unvergleichlich.

Ich möchte dieses Vorwort mit einer Anekdote beenden.

Mein Vater hatte während der Wintersaison sehr selten freie Abende. Meine Mutter und ich fühlten manchmal an einem solchen Abend, daß etwas in der Luft lag; wir freuten uns auf die bevorstehende Ankündigung meines Vaters „Wie wäre es mit einem Zirkusbesuch heute abend?" Der Zirkus Medrano war nur zwei Häuserblocks von unserem Haus in Montmartre entfernt. Dort im Zirkus lachte mein Vater – während er seine große Pfeife rauchte – wie ein Kind über die musikalischen Scherze der Fratellinis, berühmte Clowns ihrer Zeit, die mit Respighi und Toscanini befreundet waren.

Genauso grüßte er durch Gebärden und Gesten einen Mann, der mit seiner Gattin auf der anderen Seite der Manege saß – Arthur Honegger. Sie forderten sich gegenseitig im Wettbewerb heraus, wer die größte Pfeife rauchte... es war wirklich ein Unterhaltung mit Hilfe von Pfeifenrauch!

Glückliche Zeiten...glückliche Erinnerungen...

Louis Moyse

1889 – 1984

Marcel Moyse, Basel, Schweiz, ca. 1978
(Photo: T. Wye)
„… *sein ganzes Wesen leuchtete und tanzte:*
Die Augen funkelten und seine Hände bewegten sich
zur Musik … (Robison)

Vorwort

Von Trevor Wye

Während der letzten acht Jahre nahm ich fast jede Woche begeistert den Stift zur Hand und schlug das Manuskript dieses Buches auf, um daran zu arbeiten. Aber nach kurzer Zeit suchte ich irgendeine Entschuldigung, etwas anderes zu tun.

Diese Schwierigkeiten hatten nichts damit zu tun, daß mir vielleicht das Material gefehlt hätte, sondern vielmehr damit, nicht zu wissen, wie ich mit manchen Facetten der rätselhaften Persönlichkeit Marcel Moyse umgehen sollte.

Zusammen mit meinen Eltern war Moyse die Person, die den größten Einfluß auf mich hatte. Ich fürchtete mich davor, ihn sowohl als Mann zu zeigen, den ich tief verehre, als auch so wie er wirklich war – so weit das überhaupt möglich ist. Die meisten Schwierigkeiten ergaben sich aus dem Umgang mit Moyses Zorn und der dunklen Seite seines Charakters. Mehrere französische Flötisten und Freunde sagten mir, es sei besser, jemand außerhalb Frankreichs (und eben kein Franzose!) verfasse dieses Buch.

Manchmal werden große Persönlichkeiten auf einen Sockel gehoben, damit sie unserer Verehrung noch würdiger sind. Mit Blick auf so manchen Zeitschriftenartikel und manches Interview glaube ich, daß diese Art der „Heldenverehrung" auch bei Moyse stattgefunden hat. Auf seinen Kursen sah ich Studenten, die ihn mit verzückten Augen verehrten, bevor er überhaupt etwas gesagt hatte.

Ich kenne einige ungenaue Artikel über Moyse, durch die der Berichterstatter – offensichtlich wild entschlossen, eine Persönlichkeit zu erschaffen, die der Verehrung der Leser würdig ist – alle Tatsachen aus dem Lot gebracht hat. Manchmal schien es, als ob Moyse dem sogar Vorschub geleistet hat; zumindest ließ er übertriebene Fassungen mancher Anekdoten ohne Korrektur in Druck gehen.

Heldenverehrung hilft dem Helden am allerwenigsten; sie macht ihn nur für die Angriffe seiner Kritiker anfälliger. Tatsächlich hatte Moyse diese Heldenverehrung nicht nötig – er war auch ohne künstliche Übersteigerung ein außergewöhnlicher und einflußreicher Mensch.

In Kapitel 1 bis 4 lasse ich – durchaus absichtlich – Freunde von Moyse die Geschichte ihrer Verbindung zu ihm schildern; dabei kommt es zu gegensätzlichen und ausgeschmückten Versionen mancher Ereignisse. Manche Erinnerung von Freunden und früheren Schülern scheint mit Fantasie und Wunschdenken verschönt worden zu sein. Vielleicht ist es unmöglich, die objektive Wahrheit zu finden, und möglicherweise ist dies auch gar nicht wichtig; in Fällen offensichtlicher Fehlinformation habe ich dennoch eine Korrektur oder Veränderung vorgenommen bzw. einen Kommentar eingefügt. Die letzten beiden Kapitel sind ein Versuch, die Standpunkte aller Beteiligten zusammenzufassen; besonders im letzten Kapitel habe ich mich bemüht, für alle, die ihn nicht kannten, ein wahres Bild seiner Person zu zeigen. Ich hoffe, daß die geschichtliche Betrachtung mehr als wohlwollend mit Moyse umgehen wird.

Im gesamten Buch tauchen viele Originalzitate von Moyse auf; sie sind ohne Angaben von Quellen abgedruckt. Alle anderen Zitate werden vom Nachnamen des Zitierten begleitet; Vor- und Nachnamen aller Befragten finden sich in dem Kapitel „Interviewquellen" (Seite 20).

Im Bemühen, das ermüdende „sein" und „ihr" im Text zu vermeiden, versichere ich dem Leser, mir sehr wohl der Tatsache bewußt zu sein, daß sich beide Geschlechter mit

Flötenspiel beschäftigen – obwohl ich es auf manchen Meisterkursen manchmal selbst nicht glauben kann. Ich bin ebenfalls sicher, daß beide Geschlechter mit denselben Fähigkeiten Flöte spielen.

Viele der Gespräche wurden noch zu Lebzeiten von Moyse geführt. Manche der beteiligten Personen änderten in ihren Texten die grammatikalischen Zeitformen, andere sahen dazu keine Notwendigkeit. So steht der erzählende Text nun in der Vergangenheitsform, zitierte Abschnitte dagegen häufig in Gegenwartsform.

Trevor Wye
im Januar 1993

Geleitworte zur deutschen Ausgabe

Von Peter-Lukas Graf

Marcel Moyse war schon zu Lebzeiten ein „Mythos". Aus aller Welt kamen Flötisten zu ihm, teils in der Hoffnung Essentielles bei ihm zu lernen, teils in der unbestimmten Erwartung, einem einmaligen Phänomen beizuwohnen. Man „pilgerte" zu Moyse – nicht um ihn zu hören, sondern um ihn zu sehen: um ihm beim Unterrichten, beim Erzählen, beim Loben und beim Schimpfen, beim Pfeiferauchen oder beim Pernod-Trinken zuzuschauen. Von seinem Flötenspiel war kaum mehr die Rede. Umso mehr sprach man von seiner Persönlichkeit, von seiner Suggestionskraft, von seiner brillanten Mitteilungsgabe, von seinem liebenswürdigen Charme oder von seiner Bosheit. Die Reflexe waren schillernd: viel Vewunderung wurde Moyse zuteil, aber auch Abneigung, viel Liebe, aber auch Haß.

Starke eigenständige Persönlichkeiten scheinen heute seltener zu werden. In einer solchen Zeit ist diese Moyse-Biographie besonders willkommen: als Versuch, einem Musiker und Lehrer von außergewöhnlicher Faszination und Ausstrahlung ein würdiges, um ein lebensnahes Bild bemühtes Denkmal zu setzen.

Peter-Lukas Graf

Von Aurèle Nicolet

Dankbarkeit und Gratulation gehen an Trevor Wye, der eine umfassende und spannende Biographie und Darstellung der Person von Marcel Moyse geschrieben hat. Moyse – großer Künstler, Flötist und Pädagoge, der alle Flötisten eine halben Jahrhunderts geprägt hat.

Aurèle Nicolet

Danksagung

Der Verfasser möchte sich ganz besonders bei Louis Moyse und Blanche Honegger-Moyse für ihre Hilfe bedanken. Ohne ihre Offenheit wäre ein wirkliches Bild von Marcel Moyse nicht möglich gewesen. Danke auch für die herrlichen Photographien.

Besonderer Dank und Anerkennung gebührt Edward Blakeman dafür, daß er die aufgezeichneten Gespräche mit Moyse zur Verfügung stellte; gleiches gilt für die Gesprächspartner, die im Kapitel „Interviewquellen" aufgeführt sind. Meine Wertschätzung gilt Julia Bogorad, Marianne Clement, dem verstorbenen André Jaunet, Poul Birkelund, Robert Aitken, Alain Marion und Raymond Guiot für persönliche Gespräche, viele Unterlagen und Photographien. Charles DeLaney danke ich für die Erlaubnis, Moyses Brief an ihn zu veröffentlichen, genauso wie ich Julia Bogorad und Louis Battle für die Übersetzung dieses Briefes verpflichtet bin.

Weiterhin gilt mein Dank Charles Graham für seine Übersetzung mehrerer Dokumente und Briefe.

Viele ausgezeichnete Flötisten und frühere Schüler von Moyse unterstützten diese Arbeit durch Gespräche und anderes Material, das sich als hilfreich erwies, aber schon in anderer Form existiert. Ich darf allen dafür danken und mich gleichzeitig dafür entschuldigen, daß ich ihre Namen nicht in die Quellenangaben übernommen habe.

Besondere Anerkennung gilt Christopher Stewart für die umfangreiche Diskographie (siehe Anhang 3).

Mein tiefer Dank gilt Martin Hoffman, Sarah Bull, Patricia Harper und Robert Scott für ihre Vorschläge und Korrekturen bezüglich des Manuskriptes. Besondere Anerkennung verdient die Marcel Moyse Society und deren Vorsitzende Nancy Andrew für ihre Ermutigung und die Billigung dieses Vorhabens.

Die Herausgeberin und Verlegerin dieses Buches, Angeleita Floyd, brachte Ordnung und Zusammenhang in meine wirren Gedanken. Sie, mit dem Chicago Manual of Style bewaffnet, korrigierte mein Englisch, während ich, die Cambridge Encyclopedia of English in Händen, es gegenkorrigierte. Zu erleben, wie ein Mädchen aus dem Süden der USA die Feinheiten des Gebrauchs von Anführungszeichen und unbestimmtem Artikel erklärt, war eine neue Erfahrung. Es machte riesigen Spaß, und ich bin für alle ihre Vorschläge und Verbesserungen dankbar.

An letzter Stelle, aber nicht zuletzt gilt mein innigster Dank meiner Frau Dot, die wieder und wieder meine schauderhafte Handschrift ins Reine tippte, mich mit endlos viel Kaffee versorgte, unermüdlich unterstützte und immer aufs neue ermutigte.

Trevor Wye
Januar 1993

Interviewquellen

Robert Aitken

William Bennet

Poul Birkelund

Julia Bogorad

Marianne Clément

Michel Debost

Geoffrey Gilbert

Bernard Goldberg

Peter-Lukas Graf

Raymond Guiot

Blanche Honegger-Moyse

Eleanor Lawrence

Alain Marion

Louis Moyse

Marcel Moyse

André Prieur

Jean-Pierre Rampal

René Rateau

Paula Robison

Peter Serkin

Alle anderen Quellen stammen vom Verfasser
oder sind mit ausführlichen Querverweisen versehen.

Kapitel 1

Marcel Moyse –
Eine Lebensbeschreibung

Ein schwieriger Beginn

Am 17. Mai 1889 um neun Uhr vormittags wurde Marcel Joseph von Christine Josephine Moyse, der Tochter des Uhrmachers Philippe Alfred Moyse und seiner Frau Felicité in St. Amour / Frankreich geboren. Christine starb neun Tage danach im Alter von 22 Jahren. Ihr Verlobter, ein Student des Notarwesens namens Bernod, interessierte sich nicht für das Kind, bezahlte aber eine Zeitlang einer gewissen Madame Romand ein monatliches Kostgeld, damit sie sich um das Waisenkind kümmere. Als Hebamme des Dorfes sah sie sich außerstande, das Kind zu adoptieren, und so erklärte sich eine freundliche und großzügige Frau, Madame Josephine Perretier, bereit, sich des Kindes anzunehmen.

Abb. 2 Madame Perretier, Moyses Adoptivmutter

Abb. 3 Die Kirche von Ballanod, St. Amour, in der Moyse getauft wurde

Mit drei Monaten erkrankte Marcel an Lungenentzündung. Diese Krankheit sollte ihn sein ganzes Leben lang in Form von Brustfellentzündung und Asthma verfolgen.

Marcel wurde am 7. August 1889 in der Kirche von Ballanod bei St. Amour (Jura) getauft.

Seine musikalische Kindheit

Marcel Moyse erinnerte sich an seine ersten Jahre voller Wärme und Rührung. Er genoß eine glückliche Kindheit. Wie er häufig formulierte, „war das ganze Dorf seine Familie". St. Amour, ein reizendes Städtchen am Rande des Jura, ist mehr als der Geburtsort von Moyse, der sein ganzes Leben über immer wieder hierher zurückkehrte. Die erste Berührung mit Musik hatte der kleine Marcel noch vor dem siebten Lebensjahr, als er sich aus Holz kleine Pfeifen schnitzte.

Obwohl man seinen Großeltern, die in Besançon lebten, mitgeteilt hatte, daß sowohl Marcel als auch seine Mutter 1889 gestorben waren, entdeckten sie sieben Jahre später, daß er noch lebte. Es war ganz natürlich, daß sie Anspruch auf ihn erhoben, wodurch Madame Perretier zwischen ihrer Liebe zu dem Jungen und der Verpflichtung, ihn seinen wahren Verwandten zu übergeben, hin und hergerissen wurde. Man fand einen Kompromiß: Marcel lebte von nun an in Besançon und ging dort zur Schule, verbrachte aber die Ferien in St. Amour. Sein Großvater nahm ihn zu den Operettenaufführungen der gastierenden Ensembles mit und erfreute Marcel durch häufige Zirkusbesuche. Die ersten wirklichen musikalischen Eindrücke waren möglicherweise die samstägliche Parade der Militärkapellen und – manchmal drei Abende in Folge – der Besuch der Operettenaufführung „Les Saltimbanques" von Louis Ganne (1899, dt. „Zirkus Malicorne", d.Ü.).

Sein Großvater förderte seine musikalischen Interessen. Er lieh nicht nur eine Flöte für Marcel, sondern vereinbarte auch Unterrichtsstunden bei M. Angelloz an der Musikschule von Besançon, als Marcel zwölf Jahre alt war. Kurz darauf kaufte sein Onkel ihm die erste „richtige" Flöte – eine Lebret – , auf der Moyse später noch im Orchester Lamoureux spielte. Danach wechselte er zu einer Bonneville. Noch später besaß er unter anderem eine Louis Lot.

Abb. 4 Moyses Geburtshaus, St. Amour (Photo: T. Wye)

Abb. 5 „Papa" Angelloz, von dem Moyse im Alter von 10 Jahren die erste Flöte erhielt

Abb. 6 „Onkel Joseph" Moyse

Marcel schien zwar etwas ziellos, aber dennoch begabt zu sein, und so beschloß sein Onkel, ihn nach Paris zu holen und seine Karriere etwas zu steuern. Joseph Moyse war Cellist im Orchester Lamoureux. Der häufige Probenbesuch in diesem Orchester war eine wichtige Übemotivation für Marcel.

Er begann in dieser Zeit zu zeichnen.

Abb. 7a Zeichnung der Kirche von St. Amour, Jura Abb. 7b Zeichnung von Montebenoir, Frankreich (1967), beide angefertigt von Marcel Moyse

Die frühen Jahre in Paris

In Paris begegnete Moyse drei Männern, die seine musikalische Entwicklung hauptsächlich prägen sollten – seine Lehrer Hennebains, Taffanel und Gaubert. Zuerst arbeitete er mit dem heiteren Adolphe Hennebains, und bald darauf, im Oktober 1905, trat er in die Klasse von Paul Taffanel am Pariser Conservatoire ein. Ein Jahr später, 1906, gewann er den begehrten Premier Prix im Alter von 17 Jahren[1]. Es wird berichtet, er habe um 1907, wahrscheinlich als zweiter Flötist, in einem der Pariser Orchester unter der Leitung von Rimskij-Korsakow gespielt.

Nach dem Tod von Taffanel 1908 besuchte er weiter Kurse am Conservatoire, unter anderem Kammermusik bei Lucien Capet. Gleichzeitig begann er an einer Pariser Kunstschule, der Ecole Boule in der rue Bernard Palissey, Zeichnen zu studieren. Etwas später traf er Philippe Gaubert und wurde sein Schüler. Gaubert bat ihn häufig um Vertretungen in den Orchestern um Paris.

Moyses Gesundheit verschlechterte sich damals als Folge seiner durch die Kinderkrankheiten angegriffenen Lungen, und so begann er, Musik zu bearbeiten und Übungen zu verfassen, um seine Genesung zu unterstützen.

Oft spielte er im Zirkus Bostock, und gerne erinnerte er sich an die Affen und Bären, die zu seinen Melodien tanzten. „Eine gute Erfahrung," so sagte er immer, „sowohl einem Publikum gegenüberzustehen als auch alle Arten an Unterhaltung zu bieten."

Celine

Abb. 8 Die junge, hübsche Celine

Im Spätherbst 1911 begegnete Moyse im Théatre Gaité Lyrique an der Place Chatelet der schönen jungen Sängerin Celine Gautreau, die er später heiraten sollte.

Obwohl Celine über eine schöne „Falconstimme"[2] verfügte, strebte sie nie eine professionelle Gesangskarriere an, sondern gehörte zu der üblichen Besetzung von Sängern und Tänzern, wie es sie an den meisten Theatern gibt. Über sie wurde nicht viel geschrieben, weil sie im Schatten der glänzenden Karriere ihres Mannes stand. Sie war eine bemerkenswerte Persönlichkeit, und alle, die sie kannten, erinnern sich an sie voller Zuneigung. Celine stammte aus der Bretagne und war wie Moyse ein uneheliches Kind. (Heutzutage nennen wir das etwas freundlicher „Kind alleinerziehender Eltern"). Sie wurde am 29. April 1885 geboren. Ihre Mutter heiratete bald darauf und hatte noch 10 weitere Kinder.

Traurig genug, daß ihre Eltern die Umstände der Geburt des ersten Kindes voller Abneigung betrachteten und Celine deswegen eine unglückliche Kindheit verbrachte. Einzig an die Freundlichkeit ihrer Großmutter erinnerte sie sich gerne. Sobald sie in der Lage war, auf eigenen Füßen zu stehen, ging sie um 1899 als Dienstmädchen nach Paris. Mehrere Bekannte rieten ihr zum Tanz, und später wurde sie als professionelle Tänzerin am Théatre Gaité Lyrique verpflichtet, wo Moyse sie kennenlernte. Sie heirateten am 12. März 1912. Ihr Sohn Louis wurde am 14. August 1912 geboren.

Abb. 9 Moyse und Louis, 1916

Das musikalische Leben beginnt

Abb. 10 Der ansehnliche junge Virtuose

1913 begleitete Moyse die Sängerin Nellie Melba in ihrem privaten Zug auf einer Tournee durch die USA. Als kurz darauf der erste Weltkrieg ausbrach, wurde er wegen chronischer Lungenentzündung für untauglich erklärt. Es war eine sehr schwere Zeit für das junge Ehepaar, besonders, weil Moyse versuchte, seine Gesundheit nach und nach wiederherzustellen.

Nadia Boulanger lud ihn in den Jahren 1916–1918 zum Musizieren in ihre Analyseklasse ein. Von da an bis 1931 lebte Familie Moyse in der rue d'Orsel, Nummer 49 in Paris.

Moyse wurde Soloflötist in der Opera Comique und bewarb sich gleichzeitig zur Selbstbestätigung auf die Soloflötenstelle an der Pariser Oper. Man bot ihm die Stelle an. Er lehnte aber dann doch wegen seiner häufigen Besuche in St. Amour ab (siehe Anhang 9). Sein Kollege an der zweiten Flöte des Opernorchesters war Albert Manouvrier. Seine Laufbahn setzte sich fort; er wurde erster Flötist der Société des Concerts.

Die Familie Delbos

In den 20er Jahren entwickelte sich eine enge Freundschaft mit einem Posaunisten der Opera Comique, Raphael Delbos, und seiner Frau Marguerite. Delbos war ein guter Instrumentalist, der sowohl in der Société des Concerts spielte, als auch für Studioproduktionen herangezogen wurde. Die Freundschaft war so eng, daß man sich jeden Tag zum Mittagstisch bei den Delbos und zum Abendessen bei Moyse traf. Beide Häuser lagen nur eine Viertelstunde zu Fuß voneinander entfernt. Als das zweite Kind der Moyses, Marguerite, 1923 geboren wurde, übernahmen die Delbos die Patenschaft. Höchstwahrscheinlich wurde Marguerite sogar nach Madame Delbos benannt.

Beide Familien teilten sich ein Haus in St. Amour und verbrachten fast zehn Jahre lang dort gemeinsam ihre Ferien.

1923 kaufte Moyse sein erstes Motorrad, eine American Reading Standard. Er wurde zum Motorradnarr, und in den Sommermonaten fand die Fahrt nach St. Amour häufig mit Celine, Marguerite und Madame Delbos im Beiwagen und Louis als Beifahrer auf der Maschine statt.

Abb. 11 Moyse auf einem speziellen Motorrad, 1924

Abb. 12 Moyse, Louis und Marguerite auf dem Weg nach Bordeaux, 1929

Abb. 13 Das Trio Moyse

Flötenprofessor in Paris und Genf

1931 wurde Moyse als Nachfolger von Gaubert ans Pariser Conservatoire und außerdem von 1933 bis 1949 als Professor ans Konservatorium in Genf berufen. Damit bürdete er sich die wöchentliche Fahrt nach Genf auf. Durch die Nähe St. Amours bot die Reise nach Genf auch die Gelegenheit, häufigere Besuche seines geliebten Geburtsortes einzuschieben. Wenn er über St. Amour fuhr, vergaß er nie, seine Adoptivmutter zu besuchen.

In Genf traf er mit seiner zukünftigen Schwiegertochter Blanche Honegger (nicht verwandt mit dem Komponisten) sowie mit Adolf Busch und Rudolf Serkin zusammen.

Moyse unterrichtete gerade in Genf, als der Flötist des Orchestre de Suisse Romande, Marcel Welsch, Selbstmord beging. Welsch sollte das 5. Brandenburgische Konzert mit dem Orchester spielen. Blanche Honegger schlug Moyse als Ersatz vor. Dies war der Beginn des berühmten Trio Moyse: Marcel, der Gründer und Leiter spielte Flöte, Blanche Geige und Bratsche und Louis sowohl Flöte als auch Klavier. Von seiner Gründung 1934 an konzertierte das Trio Moyse 20 Jahre lang zusammen.

Auf dem Höhepunkt seiner Laufbahn

Moyse war der Solist in der Uraufführung des Konzertes von Jacques Ibert. Um 1936 galt er als der weltweit beste Flötist. Er wurde für seine künstlerischen Leistungen zum Ritter der Ehrenlegion ernannt und konzertierte in den meisten europäischen Hauptstädten, darunter auch mehrmals in London, wo er auch Aufnahmen einspielte. 1938 erhielt er eine Einladung zum Tanglewoodfestival in die USA. Blanche und Louis begleiteten ihn, da das Trio von Toscanini eingeladen worden war, in New York beim Radiosender N.B.C. zu spielen. Die Familie Moyse lebte von 1935 bis 1949 in der rue Durantin, Nummer 52 in Paris.

Abb. 14 Moyse, nach einem H.M.V. (His Master's Voice) Pressephoto (T. Wye)

Der zweite Weltkrieg

Nachdem Paris 1940 von den Deutschen besetzt worden war, weigerte sich Moyse, weiter am Conservatoire zu unterrichten. Während der Besatzung zog sich die Familie nach St. Amour zurück, von wo aus Moyse wenigstens für eine gewisse Zeit weiter nach Genf fuhr und konzertierte. Gaston Crunelle ersetzte ihn als Professor am Conservatoire in Paris. In den letzten Kriegsmonaten wurden Moyse und sein Sohn unter dem Kommando der Militärobrigkeit von Vichy und der Deutschen zu Baumfällarbeiten herangezogen. Im Krieg verfolgte die Familie häufig die Sendungen der B.B.C., in denen den Franzosen immer versichert wurde, daß nach Kriegsende eine Säuberungsaktion gegen Kollaborateure stattfinden würde. Tatsächlich kam es dazu jedoch nicht: Viele Leute tauchten unter, um später als neue Führer wieder aufzutauchen. Viele Leute in hohen Positionen erfuhren Protektion durch Freunde, andere Bürger fielen schrecklichen Racheakten des Pöbels zum Opfer. Nach der Befreiung schien alles verderbt zu sein, und als die Familie nach Paris zurückkehrte, fand sie eine veränderte Stadt vor. Moyses Einfluß war geschwunden, und seine Position hatten diejenigen unrechtmäßig eingenommen, die während der Besatzung in Paris geblieben waren. Es war die Zeit der großen Enttäuschungen.

Die Nachkriegszeit

Nach Kriegsende kehrte die Familie zunächst für ein Jahr in die rue Durantin zurück, zog dann aber in die Avenue Paul Doumer im Vorort Rueil-Malmaison um. Schließlich bot man Moyse eine Klasse am Conservatoire an, er war aber verärgert, nicht mehr die „Nummer eins" zu sein.

Er beschloß, ein Angebot für eine Stelle in Argentinien anzunehmen, das ihm nach einigen Südamerikatourneen mit dem Trio Moyse 1948 bzw. 1949 gemacht worden war. Gerade als sie in Argentinien angekommen waren, kam Perron an die Macht, was eine vollständige politische Umwälzung bedeutete. Diejenigen, die das Trio eingeladen hatten, waren zu Staatsfeinden erklärt worden, und die Stelle existierte nicht mehr. Insbesondere Franzosen hatten es damals sehr schwer. Konzerte wurden organisiert und dann abgesagt: „Wir wurden fast verrückt."

Rudolf Serkin und Adolf Busch hörten von der veränderten Situation und luden die Familie ein, beim Aufbau einer Musikabteilung am Marlboro College in Vermont, USA mitzuarbeiten. Man hatte Moyse zwar wieder zurück nach Frankreich holen wollen, er war aber zu stolz, zurückzukehren, nachdem er „seine Zelte abgebrochen hatte".

Die Familie Moyse beschloß, auszuwandern und ließ sich in Vermont nieder.

Die Übersiedlung nach Amerika

Das Trio Moyse hatte in Laberge einen sehr guten Manager, der ehrgeizige Pläne mit dem Ensemble verfolgte. Unglücklicherweise verstarb er kurz nach ihrem Eintreffen in Amerika. Sein Nachfolger, Colbert, vereinbarte nur ein oder zwei Konzerte pro Jahr für das Trio. Deswegen versuchte man es mit einem weiteren Manager, der ein Vorspiel bei einer berühmten Schallplattenfirma arrangierte; jedoch ohne Ergebnis. Ohne Beweise dafür zu haben, hatte das Trio den Verdacht, bekannte Flötisten hätten seinen Mißerfolg im Voraus geplant. Man vermutete eine Intrige, durch die verhindert werden sollte, daß der berühmte französische Flötist Marcel Moyse in Nordamerika Erfolg habe.

Der Umzug nach Marlboro war anfänglich eine große Enttäuschung für das Trio: Moyse hatte nur einen Schüler, Blanche unterrichtete eine kleine Gruppe von Collegestudenten in chorischer Stimmbildung, und Louis war mit nichts Anstrengenderem beschäftigt, als einfache Chorbegleitung zu spielen.

Das hatte mit dem, was sie sich erhofft hatten, nichts zu tun. Dem weltberühmten Trio Moyse ging es schlecht, es hatte Schulden. Aber man überlebte trotz der schwierigen Umstände.

Im Herbst 1950 wurde eine Idee geboren, aus der sich das Brattleboro Music Center entwickeln sollte. Am Anfang geben Blanche und Louis kostenlose Konzerte vor kleinem Publikum, und mancher Zuhörer wurde so als Förderer gewonnen. Es erscheint seltsam, daß Moyse außer seinen eigenen geringen Verpflichtungen in Marlboro nirgendwohin sonst in den USA zum Unterrichten oder Konzertieren eingeladen wurde. Einige behaupten, der Grund dafür sei die Eifersucht der ansässigen Flötenkönige gewesen, die sich wahrscheinlich bedroht fühlten – Moyse war mit 61 Jahren immer noch jung genug, eine Bedrohung darzustellen. Ähnlich verhielt es sich mit den Universitäten, den Schulen und Konzertveranstaltern, die kein Interesse zeigten, ihn als Flötisten oder Lehrer zu verpflichten. Es war Serkin, der ihm versicherte, daß, egal wohin ihn seine Auftritte geführt hätten, jeder von seinen Platten und Büchern gehört habe. Moyse war überrascht und enttäuscht. Abgesehen von Marlboro hatte er wenige Schüler, obwohl nach zwei oder drei Sommern einige Schüler begannen, über die Wintermonate mit ihm zu arbeiten.

Abb. 15 Marcel und Louis Moyse

Nach und nach wurde er in Amerika bekannter. Später wurde er an eine bedeutendere Schule nach Boston eingeladen. Er sollte aber zunächst die Schüler unterrichten, die von den anderen, bereits etablierten Lehrern abgelehnt worden waren. Er nahm die Stelle nicht an. Dies war vielleicht ein weiser Entschluß, da Moyses Lehrmethode im Klassenrahmen ausschließlich in Paris praktiziert wurde und damals in den USA fast gänzlich unbekannt war. Die amerikanischen Studenten bevorzugten Einzelunterricht bei ihrem Lehrer und waren nicht daran gewöhnt – um nicht zu sagen, sie fürchteten sich davor –, ihre Probleme vor den Mitstudenten zu diskutieren. Wie auch immer, Moyse unterrichtete einige Jahre lang zwei oder dreimal im Monat in Montreal, bis er dies wegen der damit verbundenen großen Anstrengung aufgab.

Abb. 16 Moyse in den frühen 60er Jahren

Sommerkurse – Meisterklassen

1964 begann Moyse auf Einladung von Willy Hans Rösch mit seinen Meisterkursen in Boswil/ Schweiz, unweit Zürich. Seinen ersten Kurs besuchten 30 Studenten. Er unterrichtete dort bis kurz vor seinem Tod. Daneben lehrte er 1969 und 1970 auf Einladung des Verfassers in Canterbury/ England, woraus sich die International Summer School entwickeln sollte.

Celine starb 1971, was auf Moyse verheerende Auswirkungen hatte. Aber nach einer gewissen Zeit leitete er wieder Klassen in Boswil und bald darauf in Japan und in den Vereinigten Staaten.

Moyse wurde 1977 nach Paris eingeladen und hielt Kurse am Conservatoire, die aufgezeichnet und gesendet wurden.

Das Ende einer Ära

In den letzten Jahren hatte er große gesundheitliche Probleme. Viele Operationen und Krankenhausaufenthalte waren notwendig. Jedesmal befürchteten seine Freunde, der neuerliche Krankenhausaufenthalt würde sein letzter sein.

Marcel Moyse starb am 1. November 1984 im Alter von 94 Jahren und wurde in Brattleboro, Vermont feuerbestattet. Seine Asche wurde im August 1985 auf dem Friedhof der Kirche von St. Amour/Jura begraben.

Sein Tod bedeutete das Ende einer Epoche. Generationen von ausgezeichneten und weniger ausgezeichneten Flötisten wurden durch sein Spiel und seine Lehre grundlegend beeinflußt. Unter seinen Schülern waren William Bennet, Poul Birkelund, Michel Debost, James Galway, Peter-Lukas Graf, André Jaunet und Aurèle Nicolet, um nur einige wenige zu nennen.

Es gab mehrere Würdigungen in Erinnerung an Moyse, darunter das denkwürdige Konzert in der Queen Elisabeth Hall in London am 6. Januar 1985 und kurz darauf, am 3. Februar 1985, ein Konzert „In Erinnerung an Marcel Moyse" in Brattleboro, Vermont.

Zu Moyses hundertstem Geburtstag fand vom 17. bis 20. Mai 1989 in Marlboro und Brattleboro die „Marcel Moyse Centennial Celebration" statt. Ebenfalls am 17. Mai wurde in London eine „Flute Celebration“ veranstaltet, die den großen Flötisten und Lehrer an seinem Geburtstag würdigte. Weltweit wurde Moyse in den Flötenzeitschriften gedacht und in den Vereinigten Staaten konstituierte sich die aktive Marcel-Moyse-Gesellschaft mit einer langen Reihe hervorragender Präsidenten und Ratgeber.

Blanche Honegger-Moyse lebt nun in West Brattleboro/ Vermont und ist in der Organisation der Marcel-Moyse-Gesellschaft aktiv. Louis Moyse feierte 1992 mit seiner Gattin Janet seinen 80. Geburtstag. Er konzertiert und unterrichtet weiterhin in ihrer Heimat Westport, N.Y.

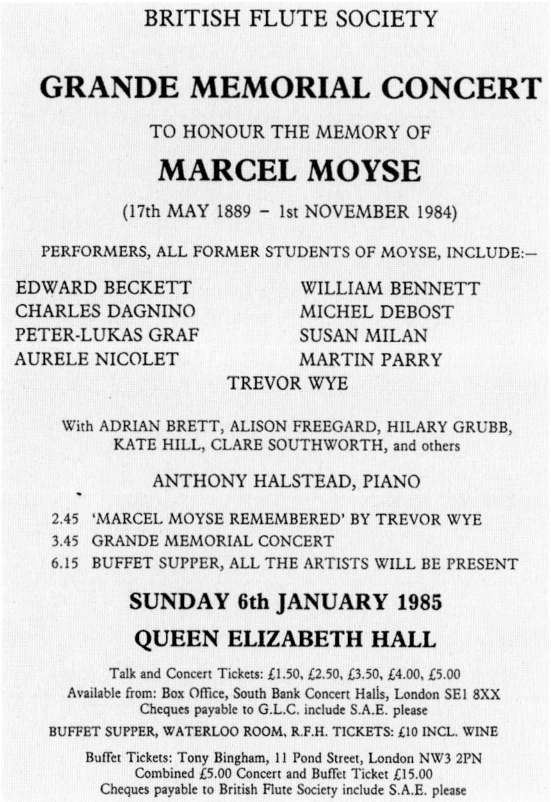
BRITISH FLUTE SOCIETY

GRANDE MEMORIAL CONCERT

TO HONOUR THE MEMORY OF

MARCEL MOYSE

(17th MAY 1889 – 1st NOVEMBER 1984)

PERFORMERS, ALL FORMER STUDENTS OF MOYSE, INCLUDE:–

EDWARD BECKETT — WILLIAM BENNETT
CHARLES DAGNINO — MICHEL DEBOST
PETER-LUKAS GRAF — SUSAN MILAN
AURELE NICOLET — MARTIN PARRY
TREVOR WYE

With ADRIAN BRETT, ALISON FREEGARD, HILARY GRUBB, KATE HILL, CLARE SOUTHWORTH, and others

ANTHONY HALSTEAD, PIANO

2.45 'MARCEL MOYSE REMEMBERED' BY TREVOR WYE
3.45 GRANDE MEMORIAL CONCERT
6.15 BUFFET SUPPER, ALL THE ARTISTS WILL BE PRESENT

SUNDAY 6th JANUARY 1985

QUEEN ELIZABETH HALL

Talk and Concert Tickets: £1.50, £2.50, £3.50, £4.00, £5.00
Available from: Box Office, South Bank Concert Halls, London SE1 8XX
Cheques payable to G.L.C. include S.A.E. please
BUFFET SUPPER, WATERLOO ROOM, R.F.H. TICKETS: £10 INCL. WINE
Buffet Tickets: Tony Bingham, 11 Pond Street, London NW3 2PN
Combined £5.00 Concert and Buffet Ticket £15.00
Cheques payable to British Flute Society include S.A.E. please

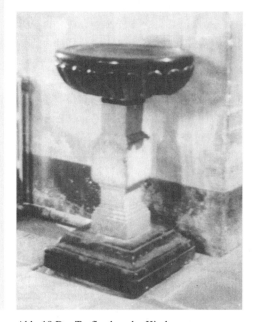

Abb. 17 Großes Gedenkkonzert am 6. Januar 1985 in London

Abb. 18 Das Taufbecken der Kirche von Ballanod, in der Moyse getauft wurde (Photo: T. Wye)

Fußnoten zu Kapitel 1

1. Nicht wie so oft berichtet wurde im Alter von 16 Jahren.
2. Benannt nach Marie Cornélie Falcon (1812–1897), einer französischen Opernsopranistin, die sowohl als Sängerin, als auch als Darstellerin einen ausgezeichneten Ruf genoß. Sie war auf dramatische Rollen spezialisiert.

Kapitel 2

Der Lehrer

Klassen – Die frühen Jahre

„Eine außergewöhnliche Persönlichkeit...aus seinen Augen leuchtete so viel Intensität und Ausdruckskraft – es war schlechterdings faszinierend." (Prieur)

„Es gibt viele Flötenvirtuosen, die mit großer Musikalität und technischer Brillanz spielen, aber wenn es ums Lehren geht, war Moyse der größte – er nahm so viel wahr und verstand so viel." (Guiot)

Was machte ihn so einzigartig? Vielleicht die Tatsache, daß Moyse seine Studenten auf eine sehr individuelle Weise inspirierte.

„Sein ganzes Wesen war hell und tänzerisch. Seine Augen glänzten, seine Hände bewegten sich zur Musik – er lief umher und wurde dabei zur Musik." (Robison)

Sein weltweiter Ruf als einzigartiger Lehrer entstand nach dem zweiten Weltkrieg, obwohl er bereits in seinen jungen Jahren eine Ausnahmeerscheinung war. Die meisten der Studenten aller Nationalitäten, die in den zwanziger Jahren in Paris studierten, nahmen wöchentlich zusätzlich zu ihrem Klassenunterricht bei Gaubert am Conservatoire, Privatstunden bei Moyse. Philippe Gauberts Verpflichtung als Flötenprofessor am Conservatoire bestand zu dieser Zeit nur noch auf dem Papier, weil er sich mehr für seine Dirigate und Kompositionen interessierte. Wenn sich ein Student mit einem Problem an ihn wandte, sagte er: „Geh und frag Moyse." So erwarb sich Moyse bereits einen außergewöhnlichen Ruf als Lehrer, noch bevor er 1931 offiziell zum Professor am Conservatoire ernannt wurde.

Es gibt heute zahlreiche Übungen, Etüden, Bücher und Zeitschriftenartikel, in denen fast jedes Problem, das einem als Flötist begegnen kann, analysiert wird. Vieles davon handelt von Dingen, die einem niemals begegnen werden! Am Anfang unseres Jahrhunderts gab es das alles nicht. Weder existierten Flötengesellschaften, noch gab es viele Periodika, die sich mit der Flöte beschäftigten. Dies gilt insbesondere mit Blick auf die Entwicklung der letzten 25 Jahre. Heute gehört das riesige Angebot an Aufnahmen, Cassetten, CDs, nationalen und internationalen Kongressen, gut sortierten Musikalienhändlern, Flöten, Kopfstücken, Zubehör und Unterrichtsmaterial für einen Flötisten zum Alltag. Alles ist kurzfristig per Bestellung verfügbar. Auch am Anfang unseres Jahrhunderts benutzten die Lehrer Etüdenbände, hauptsächlich aber entwickelten sie die Hilfestellungen für ihre Studenten aus ihrer eigenen Erfahrung als ausübende Musiker. Davon zehrten sie.

Moyse war nicht nur ein Virtuose, sondern ein nachdenklicher und intelligenter Lehrer. Er verfügte über eine außergewöhnliche Vorstellungskraft und besaß die Fähigkeit, seinen Studenten praxisbezogen zu helfen. Diese Fähigkeiten waren damals einzigartig. Ein Teil seiner Ausnahmestellung ist in der Tatsache zu suchen, daß er zur Flöte und ihren Problemen einen Zugang fand, wie niemand zuvor. Er beschäftigte sich mit der Mechanik und möglichen Verbesserungen ebenso wie mit Ansatz-, Zungenstoß- und Fingerproblemen und ihren Auswirkungen auf die technische und musikalische Gestaltung. In der Entwicklungsgeschichte der Flöte kann man eine Verbindung zwischen der Vollendung durch Boehm und Moyses Neuerungen ziehen. Potgiesser, Nolan, Nicholson und andere bereiteten den Boden im Bereich der Entwicklung des Instrumentes. Es brauchte aber das Genie Boehm, alle Erkenntnisse zu sammeln und eine Stufe weiter zu entwickeln. Wie wir heute wissen, fiel damit die Entscheidung, wie sich aus der Flöte des neunzehnten Jahrhunderts unser heutiges Instrument entwickeln sollte. Moyse bezog sich auf die Vergangenheit, um einen traditionsbewußten und intelligenten Weg des Flötenstudiums zu begründen. Er wurde unter dem Einfluß Taffanels, Hennebains und Gauberts aber auch angeregt, eigene Übungen zu verfassen. Einmal gab er zu, daß er diese Arbeit oder die Edition von Etüden nur mache, um eine Anschaffung für die Sommerferien – z.B. ein neues Motorrad oder einen neuen Beiwagen – zu finanzieren. In dieser Bemerkung steckt zwar ein Körnchen Wahrheit, sie zeigt aber auch die für Moyse typische Haltung, sein Licht immer ein wenig unter den Scheffel zu stellen.

Der natürliche Weg

Moyse befaßte sich nicht mit der Muskulatur des Gesichts und der Lippen, mit Beuge– und Streckmuskeln, mit der Zwischenrippenmuskulatur oder mit den Mechanismen ihrer Bewegung. Was er oft den 'natürlichen Weg' nannte, war seine Konzentration darauf, den Schülern durch Vergleiche, durch musikalische Beispiele, durch seine hervorragenden Übungsbände und seine außergewöhnliche Persönlichkeit zu helfen, Musiker zu werden. Für ihn war jede wirre Diskussion über bestimmte Probleme (z.B. Vibrato) unnötig, nicht hilfreich, unnatürlich und reizten ihn über kurz oder lang zu einem groben Kommentar. Vielleicht reagierte er deswegen so böse, weil ihm diese Fragen schon häufig in einer Art und Weise gestellt worden waren, die er für analytisch fehlerhaft hielt – besonders, wenn es ums Vibrato ging.

„Du verstehst nicht, was ich Dir sagen will, weil Du darauf wartest, daß ich über Dynamik rede, während ich über die Musik spreche."

Moyses Lehrweise, sein 'natürlicher Weg' war eine Ergänzung zu Gauberts Unterrichtsstil am Conservatoire.

„Als ich in den späten 20er Jahren am Conservatoire studierte, war Gaubert Professor. Er hätte gesagt 'lauter oder leiser', aber nicht, wie man das macht. Moyse hätte eine Übung ganz alleine für das Problem des Schülers erfunden. Er hatte Übungen für jedes technische Problem, und es gab damals nichts Vergleichbares im Druck." (Rateau)

Es scheint klar, warum die Studenten für Privatstunden zu Moyse kamen. Er konnte die Tür zu einigen der technischen Geheimnisse des Tones, der Artikulation und der Fingertechnik öffnen.

„Deine Atemtechnik interessiert mich nicht – wir arbeiten in dieser Klasse nicht an Deinem Brustkasten, sondern an der Flöte."

Abb. 19 Die Flötenklasse von Marcel Moyse - Conservatoire National de Musique de Paris, 1932

Obwohl er sich Übungen zum Training der grundlegenden Fertigkeiten des Flötenspiels ausdachte, sprach er in seinen Meisterklassen selten über den Gebrauch der Lippen, des Zwerchfells, der Bauchmuskeln oder ähnliches. Selbstverständlich schrieb er über diese Themen in seinen Büchern. Ende der 60er Jahre fragte ihn in Boswil einmal ein junger Student, wie er atmen solle. Er antwortete: „Atmen ist einfach. Du holst so Luft" ('like zis'; um Moyses französischen Dialekt im Englischen zu imitieren, benutzt der Verfasser im Original manchmal lautmalerische Schreibweisen; d.Ü.): Darauf atmete er tief ein, indem er Schultern und Brustkorb hochzog. Danach fragte ihn niemand mehr nach der Atmung.

„Moyse sprach später oft von Taffanel, Gaubert und Hennebains. Über Taffanel sprach er in den frühen Jahren nicht. Er selbst war damals der 'Boss'. Erst in den letzten dreißig Jahren redete er auch von Taffanel. 1938 war er mit der Gegenwart und nicht mit der Vergangenheit befaßt. Er dachte nur daran, ein guter Lehrer zu sein und die Chancen seiner Schüler zu verbessern. Er war voller fantastischer Ideen, die den Studenten helfen sollten." (Birkelund)

Andererseits erinnert sich sein Sohn Louis, seit er fünf Jahre alt war, daran, daß sein Vater über Taffanel als den „übermächtigen Vater des Flötenspiels" gesprochen hat.

„Moyse benutzte die Tradition als Rechtfertigung seiner eigenen Meinung. Was er von Taffanel bekommen hat und was er von Taffanels Überlieferung vermittelt, ist seine eigene Deutung. Was er uns sagte, war großartig, weil es von ihm aufbereitet worden war. Ich bin mir jedoch nicht sicher, was davon wirklich auf Taffanel zurückgeht." (Debost)

Ein wichtiger Punkt, den man bedenken sollte, ist Moyses bemerkenswertes Gedächtnis. Auch wenn er dazu neigte, Geschichten zu erfinden oder zu übertreiben, kann man sich doch auf die Genauigkeit seiner Erinnnerungen verlassen.

Abb. 20 Moyse vor dem Genfer Konservatorium, 1934

„Zu dieser frühen Zeit zeigte er nicht so viel Humor in den Stunden wie dies später auf den Meisterkursen der Fall war. Nein, er war damals sehr ernst, empfindsam und eine sehr eigenwillige Persönlichkeit (im Alter von 40-45 Jahren) – sehr egozentrisch und enorm selbstbewußt. 1946 sagte er während einer Klasse: 'Die französischen Studenten wollen heutzutage nur noch Flöte spielen lernen, um damit Geld zu verdienen. Aber um Flöte zu spielen ist es absolut unerläßlich, sich ein wenig mit Musik zu beschäftigen!' Er sagte dies nicht als dumme Bemerkung über französische Flötisten, sondern weil er von seinen Studenten sehr viel erwartete.“ (Birkelund)

Sein Terminkalender war in den 30er Jahren unglaublich voll mit Konzerten und Unterricht.

„Nach einem Konzert an einem Dienstag setzte er sich um Mitternacht ins Auto, fuhr nach Genf, kam dort um die Mittagszeit – nach ca. 600 Kilometern Fahrt – an, unterrichtete den ganzen Nachmittag und fuhr noch am selben Abend nach Paris zurück, um gerade rechtzeitig zu einer Probe um neun Uhr vormittags da zu sein. Ich habe mich oft gefragt, wie er dieses Leben so viele Jahre aushalten konnte ohne zusammenzubrechen.“ (L. Moyse)

Sein Ruf als Lehrer war verdientermaßen außergewöhnlich. Viele bedeutende Flötisten zählten in den 20er und 30er Jahren zu seinen Schülern: Brun – er hatte eine herausragende Tonqualität – und Marseau, die beide vor dem zweiten Weltkrieg erste Preisträger beim internationalen Wettbewerb in München waren; Cortet – ein außergewöhnlicher Musiker –, den Moyse 1945 zu seinem Nachfolger am Conservatoire bestimmte; Chefnay; Lavaillote, von dem behauptet wird, er habe Moyse den Nazis gegenüber als Jude denunziert (Moyse=Moses); Caratgé, der später Professor am Conservatoire wurde und als Schüler von Gaubert auch bei Moyse Unterricht nahm; Rateau; Pepin; Lebon und Bourdin. Sie alle hatten zusätzlich zu ihrem Unterricht am Conservatoire bei Gaubert jede Woche Privatlektionen bei Moyse. Darüber hinaus arbeitete er häufig in Vertretung von Gaubert. Lussagnet, erster Preisträger 1940, setzte seine Studien bei Moyse von 1945 bis 1948 fort und wurde Soloflötist der Société des Concerts, die ihre Konzerte am Conservatoire gab. Was für ein Lehrer muß Moyse gewesen sein, daß ihm Flötisten dieser Kategorie solche Achtung entgegenbrachten.

„Er arbeitete damals ungeheuer hart, aber Geld interessierte ihn nicht. Sobald er welches besaß, gab er es aus." (Birkelund)

Raymond Guiot wurde im November 1948 in die Klasse von Gaston Crunelle am Conservatoire aufgenommen. Die Klasse von Moyse war 1946 eingerichtet worden, und Guiot wechselte auf Anraten von Aurèle Nicolet zu Moyse. In seiner ersten Lektion sagte ihm Moyse, er solle das Andante von Mozart üben.

„Ich hatte viele virtuose Stücke gespielt, Jolivet und so weiter. Ich fühlte mich, als ob man mich in die Anfängerklasse gesetzt hätte. Aber nach einer Woche mit Moyse verstand ich." (Guiot)

Das Verhältnis zu seinen Studenten

Frühere Studenten versuchten bereits zu beschreiben, was es bedeutete, eine Lektion bei Moyse zu haben oder auf einer Meisterklasse vor ihm zu spielen. Es ist ein schwieriges Unterfangen, denn Moyse konnte ganz anders reagieren, als man erwartet hatte. Seine Vorgehensweise war jedoch immer von der Entschlossenheit geprägt, dem Studenten bei der Annäherung an ein Problem mit einer musikalischen und nicht mit einer technischen Sichtweise zu helfen. Vielleicht bestand darin sein 'natürlicher Weg'.

„Monsieur Moyse war ein besonderer Mensch – eine besondere Persönlichkeit, deren Ausstrahlung einem bewußt wurde – es ist die Art, wie er in dich und nicht auf dich schaut. Wenn er mir während einer Lektion zeigte, wie eine Phrase zu gestalten sei, lag so ungeheure Intensität und Ausdruckskraft in seinem Blick, daß es absolut faszinierend war." (Prieur)

Von Zeit zu Zeit zeigte sich Moyse über seinen Einfluß auf die Welt des Flötenspiels enttäuscht. Er hatte Spieler mit Standardliteratur gehört, und zu seinem großen Ärger brachen sie mit den grundlegenden Regeln: Dumme Phrasierung, schlechte Artikulation, fehlendes musikalisches Verständnis und so weiter. Was ihn wirklich verdroß, war die Tatsache, daß diese Spieler damit Erfolg hatten! Für Moyse war eines der Geheimnisse seines Berufsstandes, daß jemand als Musiker unvollständig sein konnte und dennoch erfolgreich Karriere machte. Moyse war sich bewußt, daß der Beruf Musiker oder Flötist realitätsfern ist, und es beunruhigte ihn, daß so viele Studenten Solisten werden wollten. Jeder weiß, daß dieses Ziel in den letzten 50 Jahren nur zwei erreicht haben: Jean-Pierre Rampal und James Galway. Vielleicht war er deshalb manchmal zu den weniger begabten Schülern freundlicher als zu den Hochbegabten.

„Einer der Lehrer meines Vaters in Besançon war ein wunderbarer Mensch, der häufig vor den Schülern über die Lage der Menschheit sprach. Eines Tages fragte ihn mein Vater, 'wenn

Abb. 21 Die Flötenklasse, Paris, 1950 (von links nach rechts; hintere Reihe: Audegond, Guiot, Dagnino, Nicolet, Doussard, Jupin; vordere Reihe: Vialet, Gulbransen, Lefebvre, Bourgois, Gallet. Sitzend: Marcel Moyse. (Ornulf Gulbrandsen besuchte an diesem Tag die Klasse.)

aber jeder ein 'Meister seines Faches' werden soll, wer kümmert sich dann um das Haus, die Küche, wer wischt Staub und wer sorgt für die Heizung?' Er bekam nie eine Antwort darauf. (L. Moyse)

„Manche Studenten haben ungute Erinnerungen an die Situation, als sie vor Moyse spielten ... aber er eröffnete ihnen die Möglichkeit, den Sinn der Musik zu erkennen." (Goldberg)

Moyses Umgang mit einem Studenten war normalerweise davon geprägt, ob dieser von ihm lernen oder ihn nur beeindrucken wollte, und er hatte dafür ein Gespür. Er war besonders streng, wenn jemand, aus welchem Grund auch immer, kam, nur um ihm einmal vorzuspielen.

„Mit Moyse zu arbeiten, verlangte von dem Studenten, daß er bereit war, viel Zeit mit ihm zu verbringen. Das war eine der Anforderungen, wenn man sein Schüler wurde. Manchmal verlangte er, daß man nach Vermont zog, womit auch immer man sich vorher beschäftigt hatte. Man mußte eine gute Arbeitseinstellung mitbringen, bereit sein, von vorne zu beginnen und sich ihm gänzlich hingeben. Er war sehr anspruchsvoll und in mancher Hinsicht dabei auch unvernünftig, gleichzeitig aber sehr großzügig, denn der Student bekam etwas wirklich Wertvolles und Großartiges zurück." (Serkin)

„Wenn Schüler von sich überzeugt waren und es notwendig war, sie niederzumachen, bevor man sie aufbauen konnte, dann brach er sie ganz bestimmt nieder. Wenn aber ein Flötist schwä-

cher war und ermutigt werden mußte, genügend Selbstvertrauen zu haben, um etwas zu lernen, dann war Moyses Vorgehen das ganze Gegenteil. Ein zufälliger Beobachter in einer Klasse von Moyse, der nichts von Musik oder der Philosophie des Lehrens verstand, würde einen sonderbaren Eindruck gewonnen haben. Die schlechtesten Flötisten bekamen ständig Komplimente, und die besten wurden in tiefe Verzweiflung gestürzt. Oft sagte er nach einer herausragenden Darbietung, die für unsere Ohren perfekt schien: 'Ah Ha! Sehr gut! Nun können wir beginnen zu arbeiten.'„ (Aitken)

„Charakterisieren, nicht karikieren." (Moyse)

„Jeder, der für ihn spielte, wollte gehätschelt werden. Ich glaube, er hatte oft das Gefühl, der beste Dienst, den er manchen Studenten erweisen konnte, war, ihnen zu zeigen, daß er sie nicht so anerkannte, wie sie gehofft hatten. Darüberhinaus erwartete er von einem Studenten, daß er zu Hause darüber nachdachte, warum sein Spiel getadelt worden war. Ich bin mir nicht sicher, ob sehr viele dazu in der Lage waren. Sie wurden nur böse und redeten schlecht über Moyse. Ich glaube nicht, daß seine zornigen Urteile persönlich gemeint waren. Er mochte einfach den Ich-bezogenen Typ unter den Studenten nicht, und er wußte, daß das Ego beiseite gelegt werden mußte, bevor Lernen möglich war. Er war nicht wie ein Elternteil, das die Kontrolle verloren hat und nun sein Kind schlägt, sondern vielmehr wie Eltern, die sagen: 'An diesem Punkt braucht mein Kind, daß ich aus der Haut fahre'. Das ist etwas ganz anderes, als durch seinen eigenen Zorn völlig außer Kontrolle zu geraten. Die Einschätzung der Studenten richtete sich nach seiner Wahrnehmungsfähigkeit, und er gab sich große Mühe, jeden einzelnen zu analysieren, weil er spürte, daß er so sein Bestes als Lehrer geben konnte." (Lawrence)

„Wenn ein Mensch für eine Schule des Flötenspiels eintritt und gleichzeitig von vielen anderen Ideen, gepaart mit einem mangelnden Interesse an den wichtigen Kleinigkeiten, umgeben ist, wird es Probleme geben. Studenten, die das erste Mal zu ihm kamen, hatten Schwierigkeiten, eine ganze Tradition in wenigen Lektionen zu erfassen. Moyse glaubte, es sei sinnlos, nur einige wenige Stunden bei ihm zu nehmen. Er bevorzugte vielmehr, über den ganzen Winter mit einem Studenten zu arbeiten und zu wissen, daß er oder sie wirklich alles verinnerlicht hatte, was er zu sagen wußte." (Bogorad)

Für professionelle Flötisten war es schwieriger. Die jungen Studenten hatten wenig zu verlieren und viel zu gewinnen. Die Profis wußten nie, aus welcher Richtung der Wind blasen würde.

„Mein Vater liebte die Menschen so sehr, daß sie bei ihm nicht frei sein konnten." (L. Moyse)

„Wenn ein guter Flötist für ihn spielte, schien es, als ob er nur da war, um niedergemacht zu werden – aber immer begründet, niemals grundlos." (L. Moyse)

„Vielleicht haben manche Studenten ziemlich unglückliche Erfahrungen damit gemacht, für Moyse zu spielen. Er wurde ungeduldig und verstand nicht, daß die Youngsters vielleicht kein musikalisches Umfeld hatten. Aber er öffnete eine Tür für sie; nicht nur zum Flötenspiel, sondern zum Sinn der Musik." (Goldberg)

„Er war zu denen, die Probleme hatten, freundlicher als zu guten Spielern. Er konnte absolut schrecklich zu guten Flötisten sein. Entweder weil sie Qualitäten hatten, die ein Abbild seiner selbst waren, oder weil er dachte, er könne sie mehr einschüchtern als diejenigen mit Problemen." (Debost)

„Er war besessen vom Unterrichten. Deswegen konnte er so auffahrend sein, deswegen wurde er so wütend und manchmal gemein. Er war wirklich persönlich getroffen, wenn jemand nicht gut spielte. Er litt darunter, etwas zu hören, was keinen Sinn machte oder nicht schön war. Es machte ihn krank." (B.Honegger-Moyse)

„Als Lehrer war er sowohl hart als auch freundlich. Er wurde oft jähzornig. Vor meiner Mutter hatte ich niemals Angst, aber vor ihm. Was dir als Kind mitgegeben wird, behältst du dein ganzes Leben. Mit meiner Angst umzugehen, war manchmal schon schwierig, weil mir nicht gestattet wurde, mich auszudrücken. Mein Vater liebte die Menschen so sehr, daß sie bei ihm nicht frei sein konnten." (L. Moyse)

„In vielen Dingen war er ein wundervoller Vater, und dennoch konnte er zu Studenten so gemein sein. Er war in der Lage, Studenten zum Weinen zu bringen." (L. Moyse)

„Für mich besteht das Problem darin, daß es Menschen gibt, die gar keine Studenten sein wollen. Dadurch entstehen unnötige Reibungen. Sie wissen nicht, warum sie sich die Art, wie dieser Mensch handelt, gefallen lassen sollen, weil sie nicht schätzen, was er ihnen dabei anbietet." (Serkin)

„Die Zuneigung zu meinen Schülern – auch wenn ich manchmal in meinen Gefühlen enttäuscht werde – ist stärker, als man sich vorstellen kann." [1]

Durch diesen etwas kritischen Blick auf Moyse nimmt ein Lehrer Gestalt an, dem es nicht darum ging, einige Tricks und Hinweise, wie man ein bestimmtes Stück spielt, zu vermitteln, sondern mit genügend Respekt vor der Musik und fast schon religiösem Eifer zu unterrichten. Natürlich entrüstete ihn der zufällig Vorübergehende, der ihm nur vorspielte, um zu beeindrucken oder um – wie viele tausend Flötisten – seinen Lebenslauf mit den Worten „studierte bei Moyse" zu schmücken. Manchmal sagte er in Erinnerung an einen früheren Schüler: „Ja, er studierte bei mir...aber gelernt hat er nichts!"

„Das Großartige an seiner Methode war der Versuch, alles – Farbe, Vibrato, Fingertechnik, Artikulation usw. – unter musikalischen Gesichtspunkten zu sehen. Aber es gab technische Elemente des Flötenspiels, die Moyse niemals ansprach. Intonation gehörte dazu. Es gab nie ein Donnerwetter wegen Intonationsproblemen. Niemals. Wenn du für ihn gespielt hast, sprach er über die Farbe einer Note und wie man sie spielen sollte, aber er sagte dir nie, ob sie zu hoch oder zu tief ist. Immer wenn er in den letzten 25 Jahren unserer Bekanntschaft über die Technik der Tonerzeugung, über Fingertechnik oder Staccato sprach, forderte er nur das, was für seine Ohren musikalisch Bedeutung hatte. Es war die Aufgabe des Schülers, herauszufinden, wie man es technisch umsetzen konnte. In seinen Heften, die er hinterlassen hat, wird wenig darüber gesagt, wie die Anforderungen technisch erfüllt werden können. Es heißt dort 'spiel laut, spiel leise'...oder wie das Vibrato sein soll. Er benutzte poetische Bilder, mit denen er sich wundervoll ausdrücken konnte. Die Hefte werden immer nützlich sein, weil sie jeder mit seinen eigenen Ideen und ästhetischen Vorstellungen erfüllen kann." (Debost)

Gute Intonation war so grundsätzlich für Moyse, daß er glaubte, sie nicht extra erwähnen zu müssen. *„Die Studenten kamen nicht zu ihm, um zu lernen, wie man sauber intoniert, sondern wie man sich mit der Flöte musikalisch ausdrückt."* (L. Moyse)

Die Kurse in Boswil, Canterbury und Marlboro

Das Marlboro-Festival und die Marlboro Music School

Nach dem zweiten Weltkrieg kehrte Moyse von St. Amour, wohin sich die Familie während der Besatzung zurückgezogen hatte, nach Paris zurück. Paris hatte sich verändert, und seine Stellung in der musikalischen Welt wurde durch die Flötisten, die während des Krieges in Paris geblieben waren, angefochten. Schließlich eroberte er sich wieder seine Position am Conservatoire, man richtete für ihn eine zweite Flötenklasse ein. Dennoch war die Situation für ihn nicht akzeptabel, und es brachen weitere hochschulpolitische Machtkämpfe aus. Auf Vorschlag von Andres Segovia schiffte sich das Trio Moyse 1948 für eine dreimonatige Konzertreise nach Südamerika ein.

„Während des Aufenthaltes in Argentinien wurde dem Trio Moyse eine Anstellung als Leitungsteam der Musikabteilung einer noch zu gründenden Universität in Cordoba angeboten. Wegen der bedrückenden Umstände im Paris der Nachkriegsjahre beschloß man, auszuwandern. Kaum in Argentinien angekommen, mußten die Moyses erleben, daß Perron die Regierungsgewalt übernommen hatte, die Universität nicht gebaut worden war und all ihre Freunde zu Staatsfeinden erklärt worden waren.“ [1]

Einige Monate danach wurden die Moyses von Rudolf Serkin und Adolf Busch eingeladen, beim Aufbau eines Sommerprogrammes in Vermont zu helfen, aus dem später die Marlboro Summer Music School hervorging. Sie bekundeten ihr Interesse, falls es auch im Winter Beschäftigungsmöglichkeiten gäbe. Deshalb beteiligten sie sich im Winter am musikalischen Angebot des Marlboro College. Blanche Honegger-Moyse berichtet weiter, daß das Trio das Landleben genoß und bestrebt war, sich in einem guten musikalischen Umfeld

Abb. 22 Flötenkurs, Boswil, 1966 oder 1967

– fern von Paris – zu etablieren. Mit der Gründung des Brattleboro Music Center setzte die Familie weiter ihre Energie für die Schaffung einer musikalischen Kultur in Amerika ein.

Die Kurse in Boswil

Anfang der 60er Jahre rief Moyse seine eigenen Bläserkurse in der Schweiz und in Vermont ins Leben. Diese Kurse waren die ersten Schritte zu der heute so beliebten Tradition der Sommerkurse. Boswil in der Schweiz, unweit von Zürich, besitzt eine umfunktionierte Kirche mit einem dazugehörigen Künstlerhaus, das für vielfältige Projekte genutzt wird. Moyse hielt seine Kurse in der alten Kirche, die in einen Konzertsaal umgewandelt worden war. Willi Hans Rösch, der Leiter des Künstlerhauses, zeichnete von Beginn an bis fast zu Moyses Tod für die Kursorganisation verantwortlich.

Die Kursbedingungen erlaubten es jedem, sich als aktiver Teilnehmer einzuschreiben. So unterrichtete Moyse eben auch unbegabte Schüler. Obwohl man manchmal den Eindruck hatte, seine Genialität würde dabei vergeudet, ergaben sich für die Zuhörer gerade

Abb. 23 Moyse in Boswil

hier schöne Beispiele, wie man mit weniger begabten Schülern umgehen kann. Ganz zu schweigen von den Beispielen der Geduld, die Moyse gab. Oft besuchten berühmte Flötisten die Kurse. Aurèle Nicolet schaute häufig vorbei. Auch Jean-Pierre Rampal und Julius Baker waren zusammen mit vielen alten Freunden von Moyse unter den Besuchern. Boswil mit der hübschen alten Kirche und der friedlichen Umgebung hatte seinen eigenen Charakter. Es schien so, als ob dieses freundliche Bauerndorf mit seiner Ähnlichkeit zu St. Amour einen besonderen Reiz auf Moyse ausübte. Hier zeigte er sich von seiner besten Seite und viele Flötisten erinnern sich an Boswil mit großer Rührung. Einmal sollte ein Student während einer Klasse die ersten Übungen aus „De La Sonorité" spielen. Er hatte einen nichtssagenden Ton, außergewöhnlich laut und verschwommen. Nachdem Moyse einige Minuten mit ihm gearbeitet hatte, sagte er:

> *„You 'ave to send your ton, to develop der ton. You cannot be heard at the back of the church, but you will hear me when I send my ton.* " (Du mußt deinen Ton senden, ihn entwickeln. Man hört dich hinten in der Kirche nicht, aber du kannst mich hören, wenn ich meinen Ton schicke). Als er es demonstrierte, vernahm man einen klaren und schönen, wenn auch kleinen Ton. Als der Kursteilnehmer die Übung wiederholte, klang es im Vergleich zu Moyse lauter, weil er versuchte, seinen Ton zu „senden", indem er kräftiger blies. Ich (T. Wye; d.Ü.) zweifelte an dem, was Moyse gesagt hatte und war neugierig, ob es stimmte. Leise begab ich mich auf

die hintere Galerie der Kirche, um zu hören. Tatsächlich wurde Moyses Ton „gesendet". Man konnte alles, was er spielte, deutlich hören. Dagegen klang der Ton des Studenten immer noch verschwommen, unbestimmt und nicht tragfähig. Noch interessanter war für mich, daß Moyses Ton größer wirkte. Als ich mich wieder setzte, fragte er nur, „Verstehst du es jetzt ?"

Die Kurse in Canterbury

Die Kurse in Canterbury kamen zustande, nachdem ich Moyse eingeladen hatte, im Sommer 1969 zwei Wochen in Canterbury zu unterrichten. Sie fanden im Gateway – Saal des St. Augustine College statt. Clifford Benson korrepetierte. Einschließlich der tageweisen Besucher und der Zuhörergruppen waren es im ersten Jahr über 228 Teilnehmer. 1970, im zweiten Jahr, fand der Kurs in der Prepatory School Vernon Holme etwas außerhalb von Canterbury statt. Wegen des Todes von Celine sah sich Moyse gezwungen, im dritten Jahr abzusagen. In letzter Minute übernahmen William Bennet und James Galway den Kurs, dieses Mal wieder im St. Augustines College. Die Sommerkurse wurden immer beliebter, und so erweiterte man das Kursangebot innerhalb eines Jahres. Oboenkurse von Heinz Holliger und Maurice Bourgue kamen hinzu. In den nächsten Jahren entwickelte sich dann mit der Einrichtung der Kurse für Klarinette, Fagott, Streicher und Blechbläserensemble die Internationale Sommerschule.

Trotz der Vielfalt und der ausgezeichneten Qualität der anderen Angebote entwickelte sich die Flötenabteilung bis zu ihrer Auflösung im Jahre 1988 zum weltweit größten Sommerkursangebot für Flöte. Auf ihrem Höhepunkt schrieben sich jedes Jahr über 200 Flötisten für den dreiwöchigen Kurs ein, um mit William Bennet, Geoffrey Gilbert, Peter-Lukas Graf, dem Verfasser und weiteren vier oder fünf Assistenten, vielen Gastdozenten und Solisten zu arbeiten.

Canterbury war für die beteiligten Lehrer und Studenten eine wundervolle Zeit, und der Besuch von Moyse in Großbritannien eine große Ehre. Im folgenden Brief legt Moyse die Grundzüge des Kursrepertoires fest. In einem späteren Schreiben versichert er, daß Dot Wye nicht zu viel Zeit für ihn in der Küche wird verbringen müssen. Seine Briefe an den Verfasser und gleichzeitig verantwortlichen Leiter der Kurse in Canterbury waren immer bezaubernd, exzentrisch und geprägt von Moyses Persönlichkeit.

Abb. 24 Moyse wird nach einer Krankheit zum Kurs geleitet

Abb. 25 Kurs in Canterbury, 1970

(Reproduktion der Originalbriefe siehe Abb. 26 und 27, Seiten 44 und 45)

Der erste Brief, datiert am 2. Juli 1970:

Liebe Freunde,

11. Juli – New York Kennedy – Fluggesellschaft & Flug	*Abflug*	*Ankunft*
BOAC	*10 Uhr*	*21.50 Uhr*

Ich vermute, das wollt Ihr wissen –

Es wird eine große Freude sein, Euch wiederzusehen –

Sagt, könnt Ihr uns schreiben, bevor wir am 10. Juli Brattleboro verlassen.

Kurs – morgens?	*nachmittags?*	*abends ?*
Wo?	*in Canterbury?*	*oder irgendwo anders ?*
Wo werden wir wohnen?	*schlafen?*	*essen ??*

Zu den Lektionen –
Ich möchte unbedingt beginnen mit:

1.: 24 Melodien – M.M.
25   ”   ”   ”

2.: Andersen op.15
und
24 Soussman

3.: Taffanel Tonleitern
Fünftonraum

4.: Artikulation

5.: Tonbildung

So wird es am besten sein – wenn wir dann an Stücken arbeiten – Mozart, Bach usw. –
werden die Grundlagen schon gelegt sein.
Besorgt nicht zu viel Wein – denkt an den Magen
Madame Moyse fühlt sich wohl – aber – nicht zu viel Salz –
bei mir – immer noch Whisky, Pernod und Pfeife –
Oh ja – es wird wundervoll sein.
Wir umarmen Euch alle drei ganz fest –
Oui, es ist pépé und mémé –

Euer Freund
Marcel Moyse

Der zweite Brief, undatiert:

Liebe Freunde,
Der Arzt sagte: „Alles in Ordnung. Sie können nach Europa fahren aber...Vorsicht, nicht
zu viel üben. “
Ich sagte – keine Angst – es gibt nicht weit von Canterbury ein, mehrere, viele gute
Restaurants und besonders guten Fisch............
Verstehst Du „Dot“ – Am Samstag und Sonntag hast Du frei – nichts kochen, und wenn
Du willst auch an einigen anderen Tagen –
Mit „Ecrevisses“ und guter Sauce.
Viele, viele liebe Gedanken ... alles Liebe für Euch drei –
Besonders Küsse für Dot von uns.

Euer ergebener Freund
Marcel Moyse

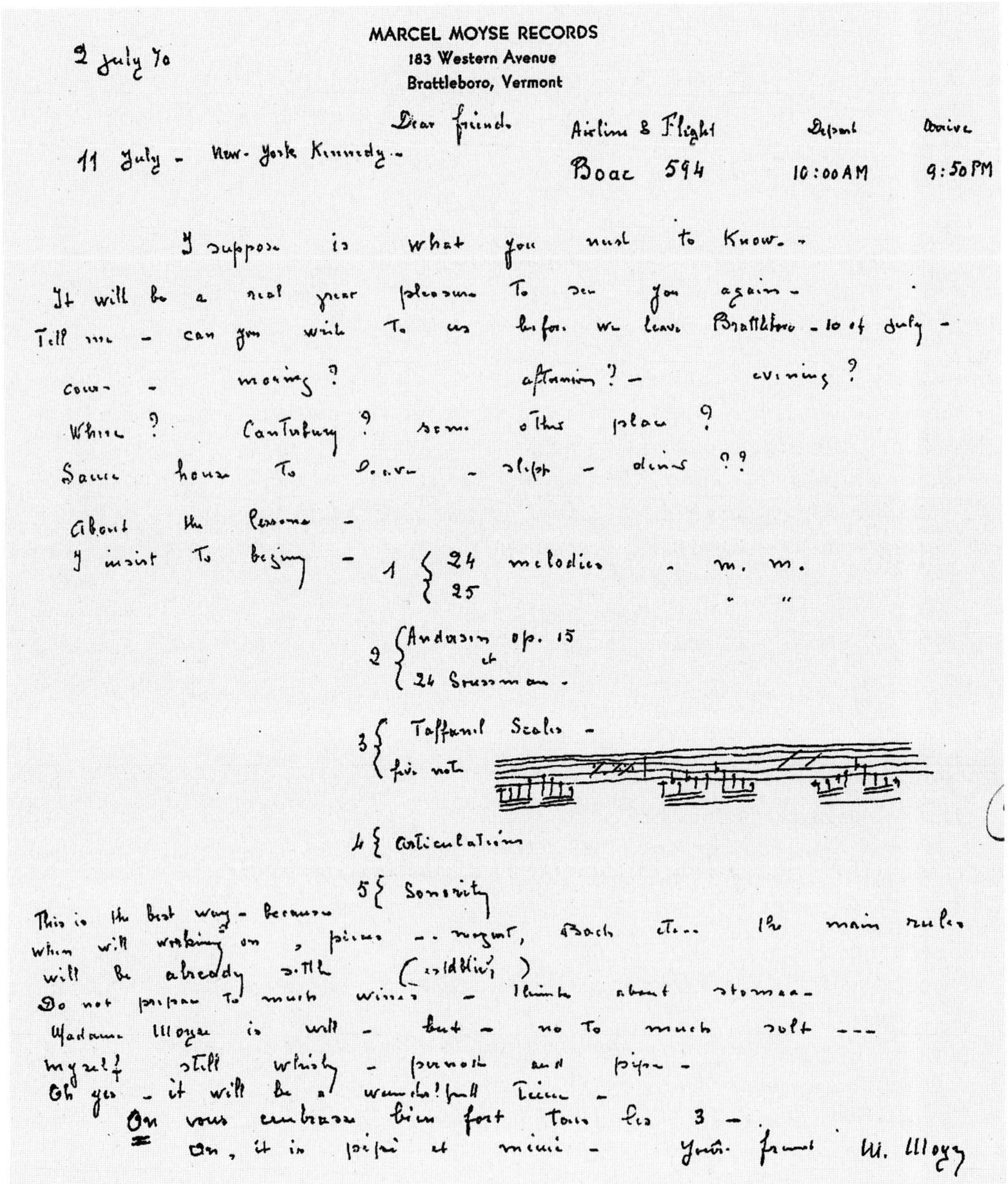

2 July 70

MARCEL MOYSE RECORDS
183 Western Avenue
Brattleboro, Vermont

Dear friend.

	Airline & Flight	Depart	Arrive
11 July – New-York Kennedy –	Boac 594	10:00 AM	9:50 PM

I suppose is what you need to know. –

It will be a real great pleasure To see you again –

Tell me – can you write To us before we leave Brattleboro – 10 of July –

come – morning? afternoon? – evening?

Where? Canterbury? some other place?

Same hour To Dover – sleep – dine ??

About the lessons –

I want To begin – 1 { 24 melodies – m. m.
                       { 25

2 { Andersen op. 15
  { 24 Soussmann – et

3 { Taffanel Scales –
  { for not

4 { Articulations

5 { Sonority

This is the best way – because when will working on , pieces – mozart, Bach etc... the main rules will be already with (interlining)

Do not prepare To much wines – I think about stomac –

Madame Moyse is well – but – no To much salt ---

myself still whisky – pernod and pipe –

Oh yes – it will be a wonderful Time –

On vous embrasse bien fort Tous les 3 –

On, it is papa et mémé – Your friend W. Moyse

Abb. 26 Der erste Brief von Moyse an T. Wye

MARCEL MOYSE RECORDS
183 Western Avenue
Brattleboro, Vermont

Chers amis

Doctor said << everything is perfect; you can go in Europe but --- Take care do not practice to much >>

I added - do not worry = there is not far from Canterbury a good, more, many restaurants and specially good fish ------ Do you understand "Dot" - Saturday and Sunday you will be free -- out of Cork and also some other day. if you like. -

With "Ecrevisses" and good Sauce.

Many, many good Things love for three of you - Specialy Kiss for Dot from us -

Yours devoted friend

Marcel Moyse

Abb. 27 Der zweite Brief an T. Wye

Nachbetrachtung der Kurse

„Es war wundervoll, ihn nach vielen, vielen Jahren in Brattleboro wieder zu treffen; zu spüren, daß er denselben Zauber und dieselbe Kraft besaß. Es war genau soviel Ausdruckskraft und Begeisterung in ihm, wie zu der Zeit, als ich bei ihm studierte und er noch jünger war." (Prieur)

Wer ihn in den letzten 20 Jahren in Boswil, Canterbury oder Marlboro beobachtet hat, wird zustimmen, daß sich seine Methoden und Ansichten im Vergleich zu seiner früheren Unterrichtstätigkeit nur unwesentlich geändert hatten. Zuletzt sprach er öfter über den Einfluß von Paul Taffanel und schien sich beim Unterrichten weniger mit technischen Problemen zu beschäftigen als vorher.

Diejenigen, die das Glück hatten, ihn seit den 60er Jahren zu kennen, werden sich an seinen Humor und die charakteristischen Witze in den Kursen erinnern. Hatte er sich seit seinen Vorkriegstagen geändert?

„Als ich vor dem Krieg in Paris studierte, traf ich viele seiner Studenten am Conservatoire. Die Klasse war sehr förmlich. Nicht so wie es heute üblich ist – wir gehen mit unseren Studenten essen oder in eine Kneipe. Er tat dies nicht. In St. Amour schon, aber nicht in Paris. Hier war er ganz anders. Zeigte er in seinen Stunden Humor? Nein, nicht besonders viel. Er war immer sehr ernst und empfindsam." (Birkelund)

Abb. 28 Moyse in Marlboro (Photo: Eigentum von Regina Touhey)

„Ich glaube nicht, daß solch ein Mensch irgendwann mit irgendetwas zufrieden sein kann. Als ich ihn zum letzten Mal in Brattleboro besuchte, übte er. Ich hatte ihn angerufen, um Hallo zu sagen, und er lud mich ein, ihn zu besuchen. Als ich ankam, sagte er: 'Was wirst Du spielen?' Ich war eigentlich nicht zum Unterricht gekommen, aber ich antwortete: 'Ich weiß nicht, irgendetwas.' 'O.K.' sagte er, 'Taffanel Tonleitern.' Also spielte ich. Es war eine unglaubliche Lektion. Wir arbeiteten eine Stunde an der g-Moll Tonleiter. Er hatte neue Ideen. Er war sich sicher, Taffanels eigene Worte zu vermitteln, aber was er mich an diesem Tag 1982 lehrte, war ganz anders als das, was er 20 Jahre früher zur selben g-Moll Tonleiter gesagt hatte. Er zeigte mir, wie das E und das Fis gespielt werden sollen, und wie das Intervall klingen solle, wenn man vom Fis zum Es geht usw.... kein einziges Wort über die Tonhöhe, aber über die Farbe – wie die Farbe des B in g-Moll sein solle." (Debost)

In den frühen 70er Jahren in Boswil besaß er bemerkenswerte Fähigkeiten, das was er wollte mit der Flöte zu zeigen, obwohl er schon über siebzig Jahre alt war. Gleichwohl demonstrierte er im Verlauf der Jahre auf den Kursen immer weniger. Interessant ist, daß er nie verlegen war, sich vor der Klasse einzuspielen. Er tat es immer, bevor er eine Kleinigkeit spielte. Bevor er etwas vormachte, präludierte er gewöhnlich in der Tonart des Stückes.

Weil dies oftmals seine ersten Töne am Tag waren, waren sie keine Offenbarung. Wenn er sich einspielte, bekamen wir flüchtige Eindrücke, wie es auf dem Höhepunkt seiner Karriere geklungen haben mußte: Sein besonderer Ton, die glänzende Artikulation und – über allem – seine Ausdruckskraft.

Wenn ihn jemand besonders interessierte und Hingabe an die Flöte und die Musik – und an Moyse – bewies, war er äußerst großzügig, besonders wenn 'sie' auch hübsch war!

Er riß sich ein Bein aus, um jemandem, der aus finanziellen Gründen nicht von seinen Ratschlägen profitieren konnte, zu helfen. Ohne daß es jemand bemerkte, war er auf ein stille und bescheidene Art großzügig zu denen, die es nötig hatten.

„Moyse war immer in eine hübsche Studentin verliebt – begeistert von ihr – und hätte alles für sie getan; aber eben nicht mehr. Und die Mädchen himmelten ihn an, oh ja. Zwei meiner früheren Studentinnen haben in den Vereinigten Staaten und in Frankreich mit Moyse gearbeitet. Wenn er alleine nach St. Amour ging, nahm er immer zwei Studentinnen mit, die für ihn sorgten.“ (Birkelund)

In Canterbury versuchten wir einmal, einen Morgen lang mit jungen Spielern, die seit einem oder zwei Jahren Flöte spielten, mit den „24 Melodischen Übungen“ zu verbringen. Ich weiß nicht, was wir von Moyse in der Arbeit mit solch empfindlichem Schülermaterial erwarteten, jedenfalls waren die Stunden nicht so interessant, als wenn er mit musikalisch fortgeschritteneren Schülern arbeitete.

„Für weniger begabte oder sehr junge Schüler konnte er gefährlich sein. Er brauchte wirklich sehr gute Studenten vor sich, die schon eine gewisse Kontrolle über ihr Instrument hatten. Dann aber konnte er dich in Gefilde führen, von deren Existenz du vorher nicht einmal geträumt hattest. Seine größte Begabung als Lehrer war, dich zu lehren, zuzuhören. Er brachte dir bei, dich selbst zu unterrichten, und diese Eigenschaft war damals unter den Professoren selten.“ (Aitken)

Technik

„Ihr sollt das Flötenspiel nur mit Euren Ohren und mit Eurem Gehirn lernen – nicht mit Eurer Zunge, den Lippen oder den Fingern.“ (Moyse)

Am Anfang seiner Karriere hatte Moyse selbst technische Probleme und wurde, wie wir später sehen werden, zum Experten im Erfinden von Übungen, die ihm auch selbst helfen sollten. Durch seine bemerkenswerten Vermittlungsfähigkeiten konnte er diese Übungen glänzend auf seine Schüler übertragen. Daß er seine eigenen Probleme analysieren und lösen konnte, ließ ihn die Schwierigkeiten der Studenten besser verstehen.

Dennoch gab es technische Gesichtspunkte, auf deren Diskussion er, zumindest in einer öffentlichen Meisterklasse, nicht vorbereitet war. Das scheint ein Widerspruch in sich zu sein. Er hatte sich mit allen Aspekten der Flötentechnik beschäftigt und dazu eine Meinung gefaßt, trotzdem sprach er in den Einzelstunden und Klassen selten über bestimmte Probleme. Die Antwort darauf ist vielleicht in der Tatsache zu suchen, daß es auf einem Meisterkurs zu schwierig werden kann, sich mit der grundsätzlichen Technik eines Studenten zu befassen. Danach wird es nämlich möglicherweise vielleicht sogar unmöglich, konstant weiterzuarbeiten. Das Problem könnte sogar verschlimmert und der Student verwirrt werden. Sein häufig wiederholtes „mach es auf natürliche Art und Weise" war mehr als eine leere philosophische Phrase. Es war ein gutes Stück Hilfestellung. Jedem, der sich durch seine eigenen Schwierigkeiten gearbeitet hat, sagt der gesunde Menschenverstand, daß es besser ist, mit dem eigenen Körper und nicht gegen das, was 'natürlich kommt', zu arbeiten. Vielleicht wollte Moyse deswegen nicht weiter über technische Zusammenhänge des Flötenspiels sprechen, weil sie bei einigen Studenten nicht in Ordnung waren. Er befürchtete, eine solche Diskussion könne zum Selbstzweck werden, anstatt daß Lösungsmöglichkeiten aufgezeigt würden.

Gleichwohl verbrachte er früher mehr Zeit mit der Behandlung von technischen Problemen, als in seinen letzten 30 Jahren.

„Während der Stunden entwarf er sehr häufig Übungen. Ich erinnere mich an eine Stunde (1938), in der er eine halbe Stunde lang alle möglichen Griffkombinationen ausarbeitete, um mir technisch weiterzuhelfen. Nach den 60er Jahren sprach er sehr viel über seine Bewunderung für Hennebains, Gaubert und besonders Taffanel. Das hatte sich seit den 30er Jahren geändert. Damals war er mehr mit der Situation des Lehrens, mit der Planung seines Unterrichtes befaßt. Er war voller Ideen und schrieb sehr oft spezielle Übungen. In einer Stunde notierte er einmal alle möglichen Tonkombinationen mit fünf Fingern. Er schrieb sie alle auf." (Birkelund)

„Unterrichten lag ihm im Blut. Er ging systematisch, diszipliniert und mathematisch vor. Er hätte niemals aufgegeben; er hatte diesen Schwung, diese Willenskraft. Wenn er etwas erreichen wollte, begann er wirklich von Anfang an. Ob es ihn eine Woche oder drei Jahre kosten würde, war gleichgültig. Er blieb beharrlich. So arbeitete sein Verstand. Ich hörte ihn an einem Problem Tage, Wochen und Monate üben, und dieselbe Disziplin wandte er auch auf andere an. Etwas besonderes an ihm war sein organisiertes Denken. Alles, was er erreichte, erreichte er durch harte Arbeit, Übungen, Tonleitern, und indem er sich beim Üben Selbstdisziplin auferlegte. Natürlich war es wundervoll, wenn er das für andere tat." (L. Moyse)

Ton

„Blas' nicht einfach in die Flöte; gib ihr Deinen warmen Atem." (Moyse)

„Er behelligte niemals jemanden wegen der Art seines Ansatzes. Damit befaßte er sich überhaupt nicht. Vielleicht war er in dieser Hinsicht kein guter Lehrer. Wie die Flöte zu halten ist, wie man sie an die Lippen nimmt – und wo ungefähr – niemals hörte ich ihn darüber mit jemandem reden." (Bennet)

Louis Moyse kommentiert die Ansichten seines Vaters über Ton und Ansatz folgendermaßen: *„Zu Bennets Zeiten (Mitte der 60er und 70er Jahre) wurde auf Kursen nicht gelehrt, wie man vielleicht den Ansatz ändern müsse. Ich erinnere aber daran, wie hart er in den 20er und 30er Jahren mit so manchem Studenten deswegen kämpfte."* (L. Moyse)

„Die physischen Voraussetzungen eines Flötisten – seine Lippen, Zähne und sein Kiefer – die Qualität des Zellgewebes seiner Haut – Dehnbarkeit, Blutzirkulation spielen eine sehr große Rolle. Deswegen ist es ziemlich schwierig, einem Anfänger auf der Flöte genau zu sagen, wie das Verhältnis zwischen seinen Lippen und dem Tonloch sein soll."[3]

Moyse setzte die Diskussion über den Ton in seinem Buch „How I Stayed in Shape" fort.

„Immer wenn ich einen begabten Flötisten einen Ton von außergewöhnlicher Qualität spielen höre, möchte ich ihm folgende Fragen in dieser Reihenfolge stellen:
1. Wo hast Du deine Lippen gekauft?
2. Welche Übungen hast Du durchgearbeitet?
3. Wer waren Deine Lehrer?
4. Darf ich die Charakteristika Deines ‚Ansatzes' überprüfen?"

„Die Charakteristika des Instrumentes selbst interessieren mich weniger. Es gibt doch so viele reiche Amateure, die großartige Instrumente besitzen und so ärmlich darauf spielen...viele Metallarten hören auf zu vibrieren, wenn man sie mit der Hand berührt ..."[4]

Moyse erzählte die folgende Geschichte, um denjenigen zu helfen, die für Tonübungen weniger zu begeistern waren: Als er um 1913 in den USA weilte, war er, da zu knapp bei Kasse, um Celine Geld zu schicken, gezwungen, seine Flöte einem Pfandleiher anzubieten. Der bot ihm lediglich 25 Dollar dafür. Moyse sagte zu ihm: „Ich spiele diese Flöte überall in Amerika und Frankreich. Es ist ein sehr schönes Instrument." Der Pfandleiher war davon nicht beeindruckt und entgegnete: „Für mich ist es eine Flöte wie jede andere." Moyse nahm die Flöte und spielte ihm etwas vor; daraufhin bot ihm der Pfandleiher, nun sehr beeindruckt, die doppelte Summe.

„Du mußt beim Spielen versuchen, deine Flöte zu verkaufen."

Abb. 29 Moyse in den 70er Jahren

Sein Hauptaugenmerk galt der Vervollkommnung der Tonübungen: Wie kann man sich Beweglichkeit der Lippen, Ausdruckskraft und die Beherrschung des Vibratos erwerben. Wie kann man lernen, den Ton einzusetzen wie ein Maler die Farbpalette, manchen Tönen einen besonderen Charakter zu geben, eine Phrase anzulegen und vieles mehr. Dies waren die Hauptthemen seines Unterrichts, und in der Neugier und Beharrlichkeit bei ihrer Erkundung war er absolut unglaublich.

Andererseits war seine Arbeitsweise an „De la Sonorité" ganz einfach. Es gab keine großen Geheimnisse bis auf das, worauf man mit gesundem Menschenverstand kommen mußte und was im Vorwort zu „De la Sonorité" dargelegt wird.

Er trat in den ersten Übungen für die Benutzung des B-Trillerhebels und der 'richtigen' Fis-Klappe (der Klappe direkt links neben der F-Klappe- die, auf die wir nie den Finger setzen) ein, um die bestmögliche Klarheit im Ton zu erreichen. Einige Minuten wurden auf die schwierige Gegend vom mittleren E bis zum Cis'' und C'' verwandt, um eine gleichmäßige Klangfarbe zu erreichen, er bestand aber niemals auf einer bestimmten Farbe oder Tonschattierung. Er war glücklich, solange der Ton schön klang. Er förderte die beste Tonqualität, die der Student erzeugen konnte.

„Also, Du hast ein Goldkopfstück? Ja? Nun, ich will, daß der Ton genauso klingt!"

„Wer mit Moyse aus seinen eigenen Heften gearbeitet hat, hat zweifellos einen besseren Einblick, wie sie geübt werden sollen. In „De la Sonorité" zum Beispiel: Wie kann eine Veränderung der Klangfarbe mit Worten beschrieben werden? Man muß vielmehr zuhören. Selbstverständlich können sich, wenn man den Text liest, ohne Moyse gehört zu haben, Mißverständnisse darüber einstellen, was er damit gemeint hat. Für uns war es toll, ihn zu hören und zu versuchen, dasselbe zu erreichen." (Rateau)

„Wie er den Abschnitt 'Absteigende Chromatik vom mittleren H aus' selbst geübt hat, wird in den Kommentaren (Vorwort) nicht deutlich genug dargestellt. Veränderung (Bewegung) des Kiefers vom Fis zum D im Pianissimo, dabei versuchen, die Tonqualität zu erhalten. Dann den Kiefer entspannen, um ein sauber stimmendes Cis zu erhalten, enden beim tiefen C – immer pp – und dabei versuchen, die nächsten Töne so scharf wie möglich zu spielen. Er war glücklich, wenn er das tiefe C zu scharf erreichte." (L. Moyse)

Vibrato

„Glaubt mir, lernt das Vibrato von den Sängern." (Moyse)

„Damals (1926) fragte man ihn sicher tausendmal nach dem Vibrato. Er haßte es jedoch, darüber zu reden. Wir am Conservatoire wagten nicht, ihn danach zu fragen, wie er mit seinem Vibrato umging. Er hätte gesagt: 'Es ist nicht damit getan, etwas (physisch d.Ü.) zu bewegen, man muß vielmehr Flöte spielen, wie man singt oder spricht.'" (Rateau)

In „How I Stayed in Shape" schrieb Moyse über das Vibrato und wie man 1905 darüber dachte:

„Vibrato? Damit zu spielen, war schlimmer als die Cholera. Die jungen Partisanen des Vibrato wurden wie Tiere behandelt – sogar die jungen Flötisten. Das Urteil war endgültig,

*ohne Berufung. Wie oft hörte ich in einer Kneipe oder im Orchestergraben folgenden Meinungs-
austausch:*

    – 'Kennst Du den und den?'

    – 'Ja.'

    – 'Spielt er gut? Wie denkst Du über Ihn?'

    – 'Nein. Er vibriert.'

*Es war unwürdig. Man fühlte sich wie von der Guillotine bedroht. Man schauderte beim
Gedanken daran, was einen erwartete, falls...?*

So verhielt es sich mit dem Vibrato 1905."[6]

Es gibt nur wenig Zweifel daran, daß Moyse wußte, wie er Vibrato erzeugte, aber da er
es auf natürliche Art und Weise gefunden hatte, weigerte er sich, über die Ausführung zu
diskutieren. Nach seiner Überzeugung geschah das im Interesse des Studenten und aus keinem anderen Grund.

„Vibrato? Ihr braucht Glanz auf einer Note."

Damals sprach man am Conservatoire vom Vibrato als 'cache-misère', einem kosmeti-
schen Mittel, mit dem Unvollkommenheiten im Ton verdeckt werden sollten. Für Moyse
war das Vibrato ein Bestandteil des Tons und ein Ausdrucksmittel. Heute haben viele Lehrer erkannt, daß Vibrato zu lernen leicht ist. Es jedoch zu einer vollständig verinnerlichten
Eigenschaft eines Spielers zu machen, ist schwierig. Tatsächlich schaffen es einige Flötisten nicht, das Vibrato gänzlich im Ton zu integrieren. *„Macht es auf natürliche Art und
Weise"* hätte er gesagt. Danach zu schürfen und zu graben, wie man es macht, irritierte ihn.

Wie sieht nun aber dieser natürliche Weg aus? Mancher erwirbt ein natürliches Vibrato,
weil es ein Weg zu sein scheint, den Klang musikalischer zu gestalten. Unter diesen 'Do-it-
yourself'-Typen finden manche – durch Glück – die gemeinhin als richtig empfundene
Form, ein abgerundetes, singendes Vibrato, durch das die melodischen Elemente der Flöte
gesteigert werden. Andere dagegen kommen zu einem ziegenhaften Vibrato. Es ist schnell
und kantig und reizt bzw. erregt den Zuhörer, gleichgültig, welches Stück gespielt wird. Im
18. Jahrhundert nannte man dieses Schlottern „chévrotement" (Ziegengemecker).

„Wenn ihr heutzutage mit der Flöte erfolgreich sein wollt, müßt ihr in einem Stall studieren!"

Moyse lernte sein Vibrato (man weiß nicht genau wie), und es wurde für ihn nicht nur
eine natürliche Farbe und Steigerung des Tons, sondern untrennbarer Bestandteil des Klangs.
In Boswil spielte der Verfasser einmal eine Melodie, und Moyse bat ihn, ohne Vibrato zu
spielen („wizout vibrato"). Der Verfasser spielte ohne Vibrato, worauf Moyse sagte: *„Nein,
du bist dumm! Ich sagte ohne Vibrato – nicht ohne Ausdruck!"*

*„Mache deine Lippen mit speziellen Übungen beweglich, diszipliniere deine Tonqualität bis
du in diesen besonderen Augenblicken spürst, wie dein Ton anfängt, Teil von dir zu werden (wie
ein zusätzliches Stimmband). Versuch es, sei hartnäckig, und du wirst immer öfter spüren, wie
deine Lungen, dein Zwerchfell, angeregt durch dein emotionales Zentrum, anfangen, auf deine
natürlichen, musikalischen und künstlerischen Absichten zu reagieren. Es gibt auf dem Weg zu
bedeutenden Leistungen keine Abkürzung, auch nicht für große Maler, Sänger, Geiger oder
Pianisten... aber glaubt mir, lernt das Vibrato von den Sängern."[7]*

Vibrato war ein Teil der natürlichen Ausdrucksweise von Moyse; für ihn war es unnatürlich, es aus einer musikalischen Phrase herauszulösen und zu untersuchen.

„Wenn Faust Margarete seine Liebe gesteht, wenn Pelléas zu Mélisande sagt: 'Ich liebe dich,' wenn eine Mutter zu ihrem Kind sagt: 'Mon enfant chéri' (Mein Liebling), messen sie dabei die Zahl der Schwingungen, die zu ihrem Gefühl paßt? Musik ist eine Sprache, die Flöte ist eines ihrer Ausdrucksmittel. Wenn ich spiele, versuche ich, den Eindruck von Lachen, Singen, Sprechen durch mein Instrument so direkt, wie es durch die menschliche Stimme möglich ist, zu vermitteln."[8]

„Mit zuviel Vibrato klingt die Flöte krank!"

Es ist schon ein bißchen naiv zu glauben, daß einzig die Beschleunigung oder Verlangsamung des Vibratos eine Phrase ausdrucksvoller machen kann.

Die regelmäßigen schnelleren oder lamgsameren Impulse auf einer ausgehaltenen Note technisch zu üben, um das Vibrato der Streichinstrumente zu imitieren, ist falsch. Dieses Pulsieren mehr oder weniger zu akzeptieren, es – falls einem sonst nichts mehr einfällt – zu berechnen, hat nichts mit Vibrato zu tun. Es handelt sich dabei vielmehr um Wellenschlagen, oder noch besser – um Gekeuche. Es ist kein Gefühl mehr, sondern organisierte Aufregung.

Dieses Pseudovibrato, auf 3, 4, 5 oder sogar 7 Bebungen pro Sekunde berechnet, führt zweifellos zur Störung, zur blinden Zerstörung der Bedeutung einer musikalischen Phrase, weil eben nicht alle Noten, auf die es angewandt wird, die gleiche Länge und Bedeutung haben.

Klänge verschwimmen wegen dieser Wellenbewegung, so wie Holzstücke unterschiedlicher Länge bei rauher See wegen der Wellen auseinander driften.

Das ist doch bestimmt eine eigentümliche Auffassung von unserer Rolle als Interpret.

Ich kann nicht begreifen, warum diese allzu einfältige Lösung des Problems Vibrato so viele Nachahmer findet.

Schwäche, Faulheit, Unverständnis???"[9]

„Ich glaube nicht, daß Moyse eine besondere Technik hatte, das Instrument zum Klingen zu bringen; soweit ich sehe, haben seine Studenten nicht alle die gleiche Art der Tongebung." (Bogorad)

„Er würde sagen: 'Was ist forte? Was ist piano? Ich weiß es nicht. Das Wichtigste für mich ist, daß es Leben hat!'" (Bennet)

Etüden

„Wenn Ihr an einer Etüde arbeitet, geht es darum, das bestmögliche zu erreichen."(Moyse)

„Als ich 1938 das erste Mal mit Moyse arbeitete, fragte er mich als erstes: ' Hast du die Andersen Etüden op. 15 dabei? Du brauchst sie unverzüglich.' Ich ging dreimal pro Woche in die Stunde, und in jeder Stunde mußte ich zwei Andersen Etüden spielen. Ich hatte viel zu üben! Natürlich kannte ich sie schon, aber was er zu ihnen zu sagen hatte, war auf eine fantastische Art und Weise beeindruckend. Es war wundervoll, sie für ihn zu spielen. Ich spielte nicht sehr viel „De la Sonorité", sondern hauptsächlich Andersen, Paganini und die Chopinetüden, die „Exercices techniques" und natürlich Georges Hüe, Chaminade und das gesamte französische Repertoire." (Birkelund)

Um 1905 besuchte Joachim Andersen die Klasse von Paul Taffanel am Conservatoire. Damals gehörten Georges Barrère und Louis Fleury der Klasse an. Zu Ehren von Andersen spielte Taffanel die dritte der Etüden op. 15. Erst spielte er die Grundmelodie und danach alles. Andersen war sehr bewegt und sagte: „Ich hätte nie geglaubt, eine so schöne Melodie komponiert zu haben."

„Etüden mußten wir nach der Metronomangabe des Komponisten viermal ohne Fehler durchspielen. Erst dann fühlten wir uns sicher genug, sie vor ihm (Moyse) zu spielen – und dann war er zufrieden. Andersen zu üben war wie Chopin zu spielen. Er spielte die Etüden so musikalisch, und indem wir ihm nacheiferten, lernten wir sehr viel." (Birkelund)

Von allen Etüden mochte Moyse die Etüden op. 15 von Andersen ganz besonders. Er analysierte ihren Aufbau und zeigte ihre Schönheit in den Stunden auf. Die meisten Studenten, die Andersen bei ihm spielten, waren mit den technischen Schwierigkeiten oder der Artikulation beschäftigt. Das war für Moyse auch wichtig, seine Annäherung an das Üben dieser Probleme geschah jedoch aus einem anderen Blickwinkel.

Zuerst fragte er, warum die Etüde geschrieben worden ist. Auf welche Schwierigkeiten hebt Andersen ab? Natürlich, es sind Legatoübungen, Übungen zur Technik und Übungen, die eine besondere Artikulationsform zum Thema haben. Nicht die Frage nach der Inspiration zur Komposition oder die Frage, ob es ausreichende Gründe gab, sich, egal wie lange, mit der Etüde auseinanderzusetzen, sondern diese eben genannten Überlegungen waren das Grundprinzip, nach dem man sich mit den Etüden beschäftigte.

Zum Beispiel versucht Andersen in der ersten der Etüden op. 15 uns auf geniale Weise in eine Falle zu locken, nämlich die höchste Note (die siebte im Takt) mit einer Betonung oder einem Akzent zu spielen (siehe Abbildung 30). Klar, die höheren Töne auf der Flöte klingen lauter. Man sollte aber beachten, daß es sich um einen 3/4–Takt handelt und daß die höchsten Noten nicht auf betonten Zählzeiten stehen. Fast jeder Flötist der Welt wird diese Etüde im 6/8–Takt üben, ohne sich dessen bewußt zu sein.

Moyse forderte den Schüler auf, sich etwas auf der ersten und fünften Sechzehntel jedes Taktes abzustützen, um damit das Grundgerüst aufzubauen. Im nächsten Schritt wies er darauf hin, daß das C als harmonischer Grundton auf der ersten Zählzeit der ersten vier Takte bestehen bleibt, während das E ebenso auf der zweiten und dritten Zählzeit wirkt. Wenn ein Komponist bei aufeinanderfolgenden Zählzeiten den gleichen Ton schreibt, bedeutet das normalerweise, daß er eine lange Note meint und nicht zwei kurze. So hatten wir innerhalb weniger Minuten die Grundidee herausgearbeitet.

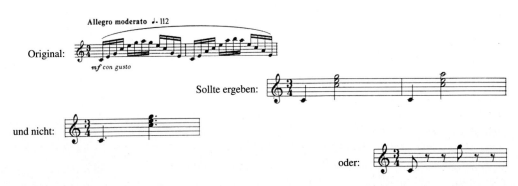

Abb. 30 Andersen, 24 Etüden, op.15; Nr. 1, erster und zweiter Takt

Von diesem Punkt aus wurde das Gerüst weiter entwickelt. Moyse arbeitete daran, daß die ersten vier Sechzehntel des ersten Taktes einen reichen, klaren und singenden Klang erhalten und zur fünften Note, dem E" hinführen. Dann hätte er ein Diminuendo vorgeschlagen, um eine Betonung auf der höchsten Note A" zu vermeiden. Korrekte Griffe wären genauso wichtig gewesen, wie ein einheitlich schöner Ton. Er hätte den Studenten gegenüber die Bedeutung der musikalischen Überlegungen für das Verständnis der Probleme und des Übens betont, statt stumpfsinniges Notenlernen zu propagieren.

Seine Studenten waren vollständig von seinem Vorgehen überzeugt, weil sie dieselben Lernschritte auf die gesamte populäre Flötenliteratur anwenden konnten. Das resultierende musikalische Verständnis brachte dem Spieler und Zuhörer mehr Freude. Musik auf diese Art zu lernen, wurde zu einer Lebenseinstellung. Das Bewußtsein für die Struktur der Musik führte zu gescheiteren Darbietungen.

Da er ein großer Lehrer war, öffnete er die Tür, überließ es aber der Verantwortung des Studenten, durch sie hindurch zu gehen.

Andere Instrumente

„Harold (Buddy) Wright und ich arbeiteten in einer Stunde bei Moyse an der Klarinettensonate in Es-Dur von Brahms. Zuerst meinte er: 'Ich spiele nichts von Brahms, also gibt es keinen Grund, mit mir daran zu arbeiten.' Natürlich hatte er die Sinfonien gespielt und kannte die Musik von Brahms. Es war einmalig. Ich werde diese Stunden bei ihm nie vergessen. Alleine die mehrstündige Beschäftigung mit dem ersten Satz veränderte mein Bewußtsein. Ich hatte zuvor mit keinem vergleichbaren Lehrer gearbeitet." (Serkin)

Manch einer war der Meinung, Brahms gehöre nicht zu seinen Stärken. Moyse sei zu sehr französisch orientiert und dadurch mit Debussy und Fauré vertrauter als mit Brahms.

„In der ersten Zeit, in den 50er und 60er Jahren, strömten Bläser von überall her, um auf den Seminaren in West Brattleboro mit Moyse zu arbeiten. In letzter Zeit, als er wieder nach Marlboro kam, gab es viele Teilnehmer, die gar nicht unbedingt kamen, um gerade mit ihm zu arbeiten und offensichtlich gar nicht zu schätzen wußten, wer er ist. In den späteren Jahren glaubten viele Teilnehmer, sie seien da, um in den Wochenendkonzerten aufzutreten, sich gegenseitig auf die Schulter zu klopfen und sich zu versichern, wie wunderbar sie alle gespielt hatten. Inzwischen hackte diese alte Ziege auf ihnen herum und machte ihnen das Leben schwer. Er erschien ihnen verschroben und unvernünftig. Die meiste Zeit verstand man ihn nur schwer (ganz besonders als er nach seinem Schlaganfall zusätzlich zu seinem starken Akzent die Worte nicht mehr so deutlich wie früher formen konnte). Viele Spieler ließen seinen Einfluß und seine Kritik nicht an sich heran, und er verhielt sich wie ein großer Chirurg, der ohne Betäubung operiert. Einige Spieler waren immer da, die etwas von ihm lernen wollten, und sie nutzten die Gelegenheit, die sich ihnen bot. Größtenteils ließen die anderen aber ihre Launen an ihm aus, einfach weil sie es mußten – es gab ihn nun einmal. Oft endete es böse. Er stürmte aus den Proben, verließ den Kurs ganz und sagte, er würde niemals zurückkommen. Ich verstand seinen Standpunkt meistens. Trotz allem war er ein außergewöhnlicher Musiker und gleichzeitig ein Lehrer, der die 'alte französische Schule' verkörperte und lebendig hielt, deren Ursprünge auf

Tulou und Devienne zurück gehen. (Es war Chopin, der von Tulous Flötenspiel schwärmte und behauptete, Tulou sei der größte Sänger den er, Chopin, je gehört habe)." (Serkin)

„Vor dem Krieg hatte er in Frankreich vier oder fünf Jahre M. Godot lang unterrichtet, den Soloklarinettisten des Straram-Orchesters, in dem Moyse selbst erster Flötist war Ich glaube, es gab noch jemanden – einen Saxophonisten – und auch andere Instrumentalisten kamen zu ihm.

Die Leiter bedeutender Sinfonieorchester schickten ihren Solooboisten, Soloklarinettisten oder Hornisten, um bei ihm Interpretationsunterricht zu nehmen. Die meisten davon waren schon seine Kollegen in verschiedenen Orchestern." (L. Moyse)

Jean Dassaud begann mit 16 Jahren bei Moyse in der Rueil Malmaison Flöte zu studieren. Nach jeder Lektion gingen er und die anderen Studenten zu Louis, um Gehörbildung und Solfège zu üben. Damals gehörten zu Moyses Schülern Nicolet, Guiot, Meylan, Graf und Dagnino, um nur einige zu nennen. *„Die Stunde fand immer in einer warmen, familiären Atmosphäre statt, und jeder wurde gleich behandelt." (L. Moyse)*

Abb. 31 + 32 Moyse beim Betreuen einer Kammermusik-klasse, Marlboro (Photos: Regina Touhey)

Später entschied sich Dassaud für die Dirigentenlaufbahn. Moyse war darüber etwas enttäuscht. Dassaud erinnert sich:

„Moyse hatte unter einigen der bedeutendsten Dirigenten jener Zeit gespielt, und seine Kommentare waren unbezahlbar. Ich lernte im letzten Jahr eine Menge über das Dirigieren von ihm."

Moyse erzählte also über die großen Dirigenten, mit denen er gearbeitet hatte, über die Tempi, in denen sie die Repertoirewerke dirigierten, er berichtete aber auch von Komponisten wie Debussy, Prokofiev und Strawinsky und wie sie ihre Werke interpretiert wissen wollten.

„Seine Proben und Aufführungen der Bläserserenaden von Mozart, des Beethoven-Septetts und Oktetts, des Schubert-Oktetts, der Dvořàk-Serenade, des Strawinsky-Oktetts waren – neben vielem anderem – unvergeßlich. Auch seine Arbeit an Opernauszügen, Etüden, Tonleitern und gelegentlich Intonation war eine wundervolle Erfahrung. Ich fühle mich, als ob ich von ihm gleichzeitig ein musikalisches Ohr und Herz und einen musikalischen Atem eingepflanzt bekommen hätte. Es vergeht kein Tag, an dem ich nicht an Marcel Moyse und sein musikalisches Vorbild denke." (Serkin)

Interpretation

„Wenn du dein Publikum nicht gerne hast, mag es dich auch nicht!" (Moyse)

„Ich traf ihn 1937 in Paris zum ersten Mal und spielte ihm für Privatstunden vor. Er spielte in fast jeder Stunde vor, und es war toll, ihm zuzuhören. Er besaß eine solche Ausdruckskraft, daß man ihm einfach nacheifern und sein Spiel imitieren mußte. Alleine beim Versuch, dies zu erreichen, verbesserte man sich ständig. Es war sehr inspirierend und lohnend." (Prieur)

André Prieur erinnert sich an später, als er in der Klasse am Conservatoire studierte:

„Wir waren 12 Studenten in der Klasse, und dreimal pro Woche war Klassenunterricht. Zwei dieser drei Lektionen wurden unter uns 12 aufgeteilt und dienten der Beschäftigung mit Etüden. Die dritte Lektion galt den Solostücken, Konzerten und dem sonstigen Repertoire. Jeder mußte ein anderes Stück spielen, und auch wenn man nicht selbst spielte, konnte man zuhören, Interpretationshinweise von Moyse erhalten und von den anderen Studenten lernen."

Anders als die Studenten heutzutage in den Hochschulen hatten die Studenten des Pariser Conservatoire fast keine Nebenfächer und deshalb mehr Zeit zum Üben. Moyse wiederum hatte seine fast unumstößlichen Grundprinzipien: Die Bedeutung des Taktstriches, der Synkope, die Rolle betonter und unbetonter Noten innerhalb einer Phrase. All dies kristallisierte sich in der wichtigsten Regel von allen heraus: Spiel' die Musik und nicht Flöte. Für Moyse war es unerläßlich, zu spielen, was der Komponist beabsichtigt hatte, nicht was der Spieler glaubt, daß er geschrieben haben sollte. Kurz, der Respekt der Musik und dem Komponisten war das Allerwichtigste. Moyse verstärkte die Ideen von Quantz, C.P.E. Bach, Couperin und Rameau. Das war für ihn der natürliche Weg, mit Musik umzugehen, und er hatte für alle Instrumente Gültigkeit. Diese Leitgedanken bestimmten seine Lehrweise sein ganzes Leben lang.

„ Er hätte gerne jemanden gehabt, der für ihn das bedeutete, was er für Taffanel war, jemanden, der die Tradition übernehmen und fortführen würde..." (B. Honegger-Moyse)

Moyse war besonders irritiert, wenn er mit dem Schüler eines früheren Studenten arbeitete und dabei keinerlei Anzeichen feststellen konnte, daß sich der Schüler des Erbes und der grundsätzlichen Regeln der musikalische Phrasierung, die er – Moyse – dem Lehrer so sorgfältig eingeflößt hatte, bewußt war. Für ihn war es klar, daß diese einfachen Regeln, die für alle Musiker verbindlich sind und an denen sich der Respekt vor der Musik zeigt, in der Fortsetzung der Tradition weiter getragen werden müssen. Blanche Honegger-Moyse erinnert sich an ein Gespräch, das sie mit Moyse führte:

„ Ich glaube, er lebte in dem Gefühl, nicht alles vollendet zu haben, was er sich vorgenommen hatte. Er sagte häufig, daß er sich wünsche, jemanden zu sehen, der in seinem Sinne weiter arbeiten würde. Er hätte gerne jemanden gehabt, der für ihn das bedeutete, was er für Taffanel war, jemanden, der die Tradition übernehmen und fortführen würde. Er fand diese Person jedoch nie." (B. Honegger-Moyse)

Moyse kümmerte sich nicht um Authentizität. Es war schon interessant und hilfreich zu wissen, wie Gaubert dieses Stück spielte oder wie Georges Hüe jenes Stück gespielt haben wollte, aber so wichtig war es nicht. Er war in die Tradition vertieft; Achtung vor der Musik

und dem Komponisten. Obwohl er häufig darüber sprach, was er darin Taffanel schuldig
war, war er doch selbst der größte Neuerer
dieser Tradition.

*„Obwohl ich bei einigen hervorragenden
Lehrern studiert hatte, vermittelte mir Moyse ein
Verständnis von Musik, das ich zuvor nicht hatte. Er beleuchtete sowohl die Form als auch den
Inhalt eines Stückes. Wo andere Lehrer über die
Probleme des Flötenspiels gesprochen hatten,
fragte Moyse: 'Was drückst du aus? Wie entwarf der Komponist das Stück?' Er bestand
darauf, daß es unsere Aufgabe als Interpret ist,
die Struktur zu zeigen und dem Zuhörer ganz
klar zu vermitteln. Es war für mich eine neue
Sichtweise."* *(Lawrence)*

*„Schon vor langer Zeit habe ich bemerkt,
daß wirkliche Tonschönheit von einem großzü-
gigen Herzen kommt."* *(Moyse)*

Abb. 33 Moyse als recht ernster junger Mann

In den meisten Klassen ließ er den Studenten ohne Unterbrechung das Stück zu Ende
spielen. Wenn er die Studenten nicht kannte,
bewertete er dabei ihr Spiel und entschied, wie er am besten mit ihnen umgehen könnte. Er
maß der Dauer des Aufenthaltes eines Studenten in dem Kurs große Bedeutung zu, weil er
hoffte, ihn positiv beeinflussen zu können.

*"Viele Leute spielten ihm vor und fragten um seinen Rat. Wenn er das Gefühl hatte, man
wandte sich nur an ihn, um einige Tricks und Hilfestellungen für das nächste Konzert oder die
nächste Aufnahme oder was auch immer zu erhalten, ohne wirklich gewillt zu sein, aufzuneh-
men was er zu sagen hatte, nahm er diese Anfragen übel. Er wollte bei den Studenten etwas
hinterlassen, was nicht bedeutet, daß er sie umkrempeln wollte. Er war kein Tyrann. Er wollte
tiefer in die Materie eindringen, als nur einige Anhaltspunkte zu diesem oder jenem Stück zu
geben. Er wollte einige musikalische Grundprinzipien mitteilen, die nicht nur mit der Flöte,
sondern mit Musik allgemein zu tun haben."* *(Serkin)*

Während der Sommerkurse in Boswil gab es immer wieder Situationen, in denen manche glaubten, Moyse verschwende wertvolle Zeit mit schwächeren Teilnehmern. Jeder, der
die entsprechende Teilnahmegebühr entrichtet hatte, durfte aktiv teilnehmen, ein Auswahl-
vorspiel fand nicht statt. Es blieb der Klugheit des Teilnehmers überlassen, ob er das richtige Stück gewählt hatte oder ob er es überhaupt spielen konnte. Die ganze Vorgehensweise
hatte viele vergeudete Stunden zur Folge. Offensichtlich war es anderswo genauso.

*„Das Niveau der Studenten in Marlboro war manchmal so unbefriedigend wie meine leeren
Schuhe. Es zwang mich allerdings zu musikalischer Intelligenz, damit ich ihnen helfen konnte,
sich zu entwickeln. So gesehen half es mir, ein guter Lehrer zu werden."(Moyse)*

Es gab einige erinnerungswürdige, wenn nicht sogar unvergeßliche Darbietungen auf den Kursen. Zum Beispiel erinnere ich mich an Johanna Kastner aus Berlin, die aus dem „Melodienbuch" mit solch einem bezaubernden Ton und Mitteilungsbedürfnis spielte, daß Moyse sie fragte: „Wo hast du deine Lippen gekauft?". Die Auftritte von William Bennet wurden mit lebhaftem Interesse erwartet, und viele erinnern sich noch heute an sein besonders schönes Nocturne und Allegro scherzando (Gaubert) und den Karneval von Venedig (Briccialdi). Wir zogen uns dann alle ins Dorfgasthaus zurück und diskutierten, was wir gerade gehört hatten und wünschten uns, genau so spielen zu können.

„Wenn er es mit einem technisch weit fortgeschrittenen Studenten zu tun hatte, sagen wir 21 Jahre alt, der eine Sonate von Bach nur deswegen spielte, um Moyse mit seinem Spiel zu beeindrucken, attackierte ihn Moyse so heftig, daß es einigen schon grausam vorkam. Ich glaube, er tat dies aus Berechnung." (Lawrence)

Für den zufälligen Beobachter mag es ausgesehen haben, als ob es für Moyse nur eine Art der Phrasierung oder überhaupt des Flötenspiels gäbe. Der Spieler mußte den Regeln folgen, oder es standen ihm harte Zeiten auf dem Kurs bevor. *„Dennoch,"* so erinnert sich William Bennet, *„hatte er Regeln für alle aufgestellt, wenn du aber – mit Begeisterung – etwas anderes machen wolltest, konnte er sich sehr wohl darauf einstellen und dir Freiheiten geben."* In den Klassen wurde hauptsächlich an den Standardübungswerken, seinen eigenen Heften, Werken von Mozart, Bach, dem französischen Solorepertoire und einigen der Bravourstücke von Doppler, Demmersseman und Tulou gearbeitet. Gelegentlich spielte jemand Telemann oder Händel. „Obwohl ich diese Musik liebe, macht sie mir nicht so viel Spaß," erklärte er dann. Gleichwohl war er mit der Stilistik dieser Musik sehr vertraut.

Eine langjährige Schülerin von Moyse, Julia Bogorad, gibt einen Einblick in seine Lehrweise:

„Vieles von dem, was Moyse zu sagen hatte, entspricht dem, was heutige Barockspezialisten vertreten. Sie mögen anderer Meinung darüber sein, aber wenn er über die Betonung des Vorhaltes – Betonung der Dissonanz, Entspannung auf der Konsonanz – über das Gerüst der Phrase, über die Ausführung der Synkope spricht, sind dies Grundprinzipien tonaler Musik. Das Problem ist, daß Leute, die in den 60er, 70er oder 80er Jahren ausgebildet wurden, in der Lage sind, alles zu spielen, was auf dem Notenblatt steht, egal wie dissonant es ist. Sie spielen Zwölftonmusik oder serielle Musik mit dem größten Gleichmut. Wenn sie dann zu Mozart kommen, bei dem der Dissonanz eine große Bedeutung zukommt, scheint es nicht schwieriger zu sein als alles andere. Also spielen sie alles gleich." (Bogorad)

Ein Übeschema

„Konzentriert Euch auf technische Übungen. Sie geben eine sichere flötistische Grundlage – stopft Euch nicht mit halb verdauten Musikstücken voll."[10]

1949 hatte Charles DeLaney Gelegenheit, mehrere Meisterklassen von Moyse in New York zu besuchen. Fasziniert von Moyses Lehrweise vereinbarte er eine Privatstunde mit ihm. Er erinnert sich an grundsätzliche Ansichten von Moyse und an Details:

„Moyse erschien pünktlich um 10 Uhr und bat mich, ihm etwas vorzuspielen. Ich spielte ohne Unterbrechung den ersten Satz der h–moll Sonate von Bach. Nachdem ich geendet hatte, erklärte er mir, daß die Musik seiner Meinung nach wie eine große Kathedrale sei. Ich hätte sie allerdings nicht wie der planende Architekt gespielt, sondern wie der Handwerker, der sie erbaut."[11]

DeLaney fügt hinzu, daß Moyse in Eile war – er mußte einen bestimmten Zug erreichen –, so daß er ging, ohne die genaue Bedeutung dieser Aussage erklären zu können.

„Ich trug diese Worte mit mir und versuchte zu ergründen, was sie bedeuteten. Zwei Wochen später glaubte ich, es herausgefunden zu haben. Ich war zu sehr mit den Unterabteilungen beschäftigt, dachte zu sehr an jeden einzelnen Stein, statt das Ganze im Auge zu haben. Mit solcher Beredsamkeit zeigte Moyse den springenden Punkt auf." [12]

Im nächsten Jahr schrieb DeLaney an Moyse, um weitere Studien zu vereinbaren, und Moyses prompte Antwort war ein Brief, in dem er aufs sorgfältigste sein bevorzugtes Repertoire und einen detaillierten Studienplan beschrieb. Der folgende Auszug stammt aus der ersten Seite des Briefes – in Moyses Handschrift – gegenüber die Übersetzung. Es folgt eine Übersetzung der übrigen drei Seiten des Briefes, in dem Moyses Studienplan deutlich wird.

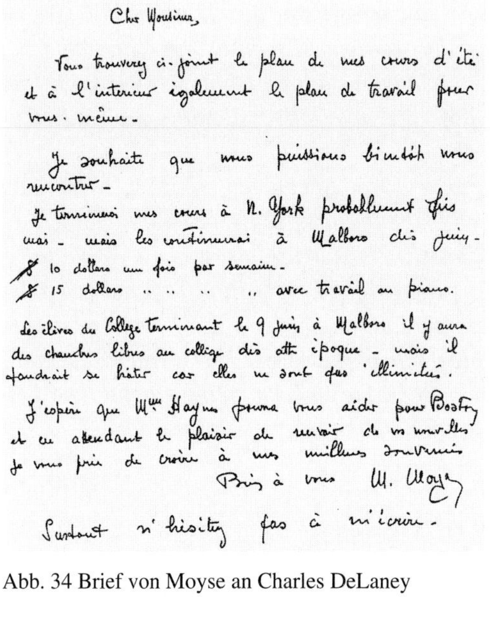

27 avril - 50

Cher Monsieur,

Vous trouverez ci-joint le plan de mes cours d'été et à l'intérieur également le plan de travail pour vous-même.

Je souhaite que nous puissions bientôt nous rencontrer -

Je terminerai mes cours à N. York probablement fin mai - mais les continuerai à Malboro dès juin -

$ 10 dollars une fois par semaine -
$ 15 dollars .. .. avec travail au piano.

Les élèves du College terminant le 9 juin à Malboro il y aura des chambres libres au collège dès cette époque - mais il faudrait se hâter car elles ne sont pas illimitées.

J'espère que Mr Haynes pourra vous aider pour Boston et en attendant le plaisir de recevoir de vos nouvelles je vous prie de croire à mes meilleurs souvenirs

Bien à vous M. Moyse

Surtout n'hésitez pas à m'écrire -

Abb. 34 Brief von Moyse an Charles DeLaney

Sehr geehrter Herr (DeLaney),

hiermit sende ich Ihnen die Aufstellung meiner Sommerkurse und die Informationen zu Ihren persönlichen Stunden. Ich hoffe, wir können uns bald treffen. Voraussichtlich werde ich mit meinen Kursen in New York Ende Mai fertig sein. Im Anschluß unterrichte ich ab Juni in Marlboro.

10 Dollar für eine Lektion pro Woche

15 Dollar einschließlich Klavierbegleitung.

Da die Collegevorlesungen in Marlboro am 9. Juni enden, stehen ab dann Zimmer zur Verfügung, allerdings in beschränkter Zahl. Sie sollten sich also beeilen.

Ich hoffe, Mr. Haynes kann Ihnen für Boston behilflich sein, und freue mich darauf, Neues von Ihnen zu hören.

Mit den besten Wünschen

M.Moyse

Vor allem zögern Sie nicht, mir zu schreiben

Flötenstücke:

Erstes Solo von	Kuhlau	Ungarische Pastoralfantasie	Doppler
Zweites Solo von	Kuhlau	Airs Valaques	Doppler
Drittes Solo von	Kuhlau	Chanson d'Amour	Doppler
6 Divertissements	Kuhlau	Air allemande	Boehm
Fantaisie brillante	Kuhlau	Airs ecossais	Boehm
Zweites Solo von	Tulou	Airs Schubert	Boehm
Fünftes Solo von	Tulou		
13tes Solo von	Tulou		
Danse des Sylphes	Andersen	Concertino	
Fantaisie characteristique	Andersen		
Fantaisie Hongroise	Andersen	Suite	Benjamin Godard
Konzertstück	Andersen	Suite von	Ch. Widor

Sowie andere Stücke von: Ganne, Fauré, Enesco, Georges Hüe, Gaubert, Ibert, Ferroud, Roussel, Honegger, Debussy und viele andere „moderne" Stücke wie zum Beispiel die 7 Capricen von Louis Moyse usw.

Diese Stücke, von denen viele musikalisch anspruchsvoll sind, scheinen mir unerläßlich für einen Flötisten zu sein, der nicht nur (und vor allem) ein guter Instrumentalist werden will, sondern sich auch viele, stilistisch unterschiedliche Spielweisen aneignen möchte, um die Laufbahn eines Orchestermusikers oder Solisten anstreben zu können.

Ebenso muß das Studium der klassischen Werke – und ich stimme durchaus zu, daß sie fast immer von großem musikalischen Wert sind – verfolgt werden, allerdings ausschließlich auf künstlerisch hohem Niveau. Diese Kompositionen verlangen oftmals technisch weniger. Ihre Interpretation hängt mehr von der musikalischen Reife und dem Stilverständnis des Studierenden ab.

Man sollte bedeutende Aufführungen der Sinfonien von Beethoven, Mozart, Schumann usw....erlebt haben. Aber wer kann einem denn ein solch betörendes, außergewöhnliches Erlebnis bescheren, wie Toscanini mit seiner Interpretation des Zwischenspiels aus „La Traviata"?

Die Lehre vom Flötenspiel, wie sie durch meinen großartigen Lehrer Paul Taffanel in Frankreich begründet wurde, besteht aus den Merkmalen, die ich Ihnen hier beschreibe. Aus diesen Gründen ist die Bläsertradition in Frankreich besonders bemerkenswert. Wir werden das Studium der folgenden Werke auf später verschieben, und wenn Sie sich an meine empfohlene Reihenfolge halten, werden Sie feststellen, daß die folgenden Werke um vieles klarer und einfacher zu verstehen und zu bewältigen sind.

SONATEN AUS DEM BEREICH DER ALTEN MUSIK:
Leonardo da Vinci, Loeillet, Naudot.

ANDERE SONATEN:
Beethoven, Haydn, Händel, Bach, Reinecke, Hindemith, Milhaud usw.

KONZERTE:

   Devienne, Quantz, Haydn, Mozart, Ibert usw.

Als Etüden empfehle ich:

18 Etüden	BERBIGUIER
30 Große Etüden	SOUSSMAN
24 Capricen	BOEHM
24 instruktive Etüden	ANDERSEN
24 große Etüden	"
24 technische Etüden	"
24 virtuose Etüden	"
10 Etüden [14]	DE LORENZO

„12 Etüden von Chopin" (Moyse), „10 Etüden von Kessler" (Moyse) und meine „48 Etüden der Virtuosität" – Diese sehr schwierigen Etüden sind eine Fortsetzung, oder genauer: Sie beziehen sich auf zwei meiner anderen Hefte, die ziemlich einfach sind, nichtsdestoweniger aber die Grundlagen meiner technischen und besonders meiner stilistischen Prinzipien enthalten – „24 Melodische Übungen", „25 Kleine Melodische Übungen" und „48 Virtuose Etüden".

Für mich sind das die unabdingbaren Grundlagen eines unfehlbaren Flötisten. Ich habe in Paris mehrere Dutzend Schüler, die in der Lage sind, sie alle zu spielen. Ich füge dieser Liste eine Aufstellung einiger Spezialitäten hinzu!!

Es gibt Probleme, die jedem Flötisten bekannt sind. Manche bedeuten häufig eine große Einschränkung für einige Flötisten – deswegen habe ich einige spezielle Werke verfaßt, die ich Ihrer Aufmerksamkeit empfehle. Ich nenne sie 'Spezialübungen': Sie können wie eine Medizin in starken oder schwachen Dosen genommen werden, je nach Verschreibung des Doktor-Flötisten.

1. Etüden und technische Übungen – Marcel Moyse
   Staccato, große Bindungen, Grifftechnik

2. Schule der Artikulation – Marcel Moyse

3. Schule der Klangbildung und des Stils – Marcel Moyse

4. Orgelpunkt, Triller – Marcel Moyse

Ich empfehle Ihnen ebenfalls ein Heft von Reichert – sehr einfach, aber sehr sinnvoll – „7 tägliche Übungen". [15]

Ich denke, ich habe Ihnen die wichtigsten Dinge mitgeteilt. Um aber all dies ganz zu verstehen werden, so denke ich, zwei oder drei Plauderstunden nach dem Essen oder Spaziergänge auf dem Land hilfreich sein.

So stelle ich mir eine musikalische Unterweisung vor, so habe ich sie in Frankreich mit meinen Schülern und Freunden praktiziert.

Ich hoffe, Sie werden beides.

Marcel Moyse

Manchmal konnten die Stunden bei Moyse sehr schwierig sein. Er war sehr anspruchsvoll, aber der Lohn war großartig. *„Meiner Meinung nach ist das Beste, was ein junger Spieler von einem Lehrer lernen kann, das Bemühen, alles umsetzen zu wollen, was dieser von ihm verlangt." (Debost)*

Schülern, die sich auf eine Aufnahmeprüfung an Hochschulen oder anderen Instituten vorbereiteten, bot Moyse folgende Hilfestellung:

„ Statt viele unterschiedliche Stücke zu spielen, solltet ihr euch auf technische Übungen konzentrieren, um in erster Linie eine sichere Grundlage als Flötist zu haben. Stopft euch nicht mit halb verdauten Stücken voll, in der Hoffnung, dabei – obgleich schlecht – einige der Dinge abgedeckt zu haben, die in zukünftigen Prüfungen von euch verlangt werden. Ihr vergeudet nur Zeit und setzt eure Zukunftschancen auf's Spiel. Vor allem, lernt Flöte zu spielen." [16]

Ein anderer allgemeiner Rat von Moyse:

„Studiert zuerst das traditionelle Flötenrepertoire! Vergeßt, nur um 'zeitgemäß' zu sein, Tulou, Demersseman und Doppler nicht! Die 'Tremolo'–Stücke sind nicht mehr in Mode, aber wenn ihr das Finale von Demerssemans 'Le Tremolo' mit Doppelzunge spielen könnt, werdet ihr durch das 'Scherzo' des Sommernachtstraums von Mendelssohn segeln."

„Ihr dürft diese Musik kritisieren, wenn ihr sie bewältigen könnt...aber nicht vorher!" [17]

Jemand, der niemals an einer Klasse von Moyse teilgenommen hat, mag den Eindruck gewonnen haben, daß Moyse sehr viel Zeit für die Soli von Doppler, Demersseman und Tulou aufbrachte. Stimmt nicht: Auf den meisten Kursen in den letzten 20 Jahren standen Etüden, sowohl seine eigenen als auch die von anderen und die Repertoirestücke von Bach, Mozart, Ibert im Mittelpunkt; dazu das übliche französische Repertoire und eine Prise der Bravourstücke des 19. Jahrhunderts.

Nur wenige Studenten in den Kursen hatten ein stilistisches Konzept für Musik des 19. Jahrhunderts oder für die Aufführungstradition der Bravourstücke – manche wußten nicht einmal, daß es so etwas gab! Diese Soli sind schwierig darzustellen. Wenn man sie ohne eine Andeutung von Charakter einfach nur durchspielt, sind sie langweilig, wie man es so oft auf den Flötenfestivals hört. Den Charakter zu treffen, ist gar nicht leicht. Auch wenn der Spieler über brilliante virtuose Fähigkeiten verfügt, wagt er einen Seiltanz zwischen langweiliger Achtbar-

Abb. 35 Moyse beim Unterricht in der alten Kirche, Boswil, ca. 1974; (Photo: T. Wye)

keit und Komödie. Natürlich sollte das Publikum sich amüsieren, aber eben mit den Ausführenden und nicht über sie. Moyse erweckte diese elegante Musik zum Leben und sagte häufig: *„Sie ist nicht wie Boxen, sondern elegant wie Fechten."* Den Soli von Tulou, von einem wirklichen Künstler aus einer nicht „verschlimmbesserten" Ausgabe gespielt, zu lauschen, ist eine Freude. Moyse zeigte uns viele interessante Variationsmöglichkeiten in der Musik, keine gedruckten Anweisungen, aber Vorgaben, die sich aus dem Notentext selbst ergeben.

„Es ist keine bedeutende Musik, aber es ist bedeutende Flötenmusik." (Gilbert)

Besonders ärgerte sich Moyse, wenn jemand schnell, aber ohne Charme und musikalisches Verständnis spielte.

„Wenn Du so schnell spielst, brauchst Du nicht in der Carnegie Hall aufzutreten, spiel' lieber im Zirkus."

„ Ich weiß, daß ihr mich manchmal nicht gut versteht, und ich weiß auch warum. Weil ich Logik predige, und ihr wollt etwas über die Dynamik hören. Ich schere mich nicht um Dynamik. Lautstärkeunterschiede sind Mist! LEBENDIGKEIT zählt!"

Die Tradition des Flötenspiels ist kein abgeschlossener Prozeß. Die Aufführungspraxis ändert sich ständig (oder verunreinigt sie sich ständig?). Jedenfalls kann man eine Entwicklung feststellen, die mehr oder weniger für alle Flötisten gilt: Ratschläge werden angenommen oder zurückgewiesen, je nachdem, ob sie dem entsprechen, was man gerne hören möchte. Es muß doch einen Grund dafür geben, daß viele, die bei Moyse studiert haben, seine Tradition und seine musikalischen Prinzipien überhaupt nicht weiterzuvermitteln scheinen. So zumindest kommt es dem Verfasser vor. Eine Erklärung mag darin liegen, daß jeder nach seinem eigenen Stil unterrichtet, so wie er selbst es für natürlich hält.

„Er stimuliert die Vorstellungskraft seiner Schüler und erweckt in ihnen Möglichkeiten, die sie bis dahin nicht vermuteten." (Clément)

Den Flötisten, die das Glück hatten, mit Moyse eine gewisse Zeit gearbeitet zu haben, bleibt sein Einfluß ein Leben lang erhalten. Es ist schwierig, eines seiner Lieblingsstücke zu spielen, ohne sich zu fragen, wie er es gespielt hätte. Manchmal glaubt man, er schaut einem über die Schulter.

„Moyse ist ein besonderer Charakter und ein Mensch mit Leidenschaft; mit der Leidenschaft für die Schönheit und, wie er gerne sagt, mit Leidenschaft für die Flöte, der er sein Leben gewidmet hat; mit der Leidenschaft für das Lehren, das ihm erlaubt, sein niemals endendes Streben um die Erweiterung der Möglichkeiten der Flöte auf die jüngere Generation zu übertragen. Seine zahllosen Schüler auf der ganzen Welt, sein Unterricht, seine Hefte und seine ergebenen Briefe belegen dies. Er stimuliert die Vorstellungskraft seiner Schüler und erweckt in ihnen Möglichkeiten, die sie bis dahin nicht vermuteten." (Clément)

„Moyse und sein Unterricht sind darin einzigartig, daß er die Fähigkeit besitzt, poetisch zu verbalisieren, was Künstler normalerweise fühlen, aber nicht besonders gut erklären können. Sein bedeutendster Nachlaß für uns ist seine Lehrweise." (Debost)

Fußnoten zu Kapitel 2

1. Brief von Marcel Moyse an Madame Jaunet, datiert vom 4. April 1966, ins Englische übersetzt von Charles Graham.
2. Biographische Anmerkungen zu „Marcel Moyse", aus dem Programm zum Gedächtniskonzert „In Memory of Marcel Moyse", verfaßt von Dominique Moyse, 3. Februar 1985
3. Marcel Moyse, „How I Stayed in Shape", englische Übersetzung durch Paul M. Douglas (West Brattleboro, Vermont: Selbstverlag), Seite 3
4. ebenda, Seite 4
5. ebenda, Seite 8
6. ebenda, Seite 7
7. ebenda, Seite 8
8. Claude Dorgeuille, The French Flute School: 1860–1950, übersetzt und herausgegeben durch Edward Blakeman (London: Tony Bingham, 1986), Seite 104
9. Moyse, „How I Stayed in Shape", Seite 5
10. Jean Vuillermoz, „Marcel Moyse on his Method of Learning the Flute", übersetzt und mit einer Einführung versehen von Edward Blakeman (Edward Blakeman, 1985) Seite 5
11. Charles DeLaney, „A Paris Conservatory Course of Study; Passing on the Tradition", The Marcel Moyse Society Newsletter, Band 3, Nummer 1, April 1992, Seite 2
12. ebenda, Seite 2
13. Charles DeLaney, „A Paris Conservatory Course of Study, Passing on the Tradition", The Marcel Moyse Society Newsletter, übersetzt von Luis Battle und Julia Bogorad, Seite 3–4
14. Wahrscheinlich sind die „9 Großen Künstlerstudien" von Leonardo de Lorenzo gemeint.
15. Ein wichtiger Hinweis von Bernard Goldberg: „Dieser Brief wurde geschrieben, bevor Moyse 'Tone Development through Interpretation', 'Technical Mastery', 'Problems of the Flute' und 'How I Have Been Able to Stay in Shape' (How I Stayed in Shape) – vier Meisterwerke didaktischen Materials, die in den Holzbläserklassen in Marlboro und in Brattleboro benutzt wurden – verfaßt hatte". Aus: „A Paris Conservatory Course of Study; Passing on the Tradition," The Marcel Moyse Society Newsletter, Band 3, Nummer 1, April 1992, Seite 4
16. Vuillermoz, „Marcel Moyse on his Method of Learning the Flute," (Edward Blakeman, 1985), Seite 5
17. ebenda, Seite 5

Kapitel 3

Der Autor

„ Es gibt so viel veröffentlichtes Übungsmaterial, daß wir niemals alles durcharbeiten können. Manche Bücher begleiten einen das ganze Leben. Die von Moyse gehören dazu." (Gilbert)

Eines Tages hörte Moyse den Autor an Paggis „Rimembranze Napoletane"[1] üben und fragte nach dem ihm unbekannten Stück. Er bat um ein Exemplar der Noten. Als er es nach einem Jahr zurückschickte, hatte er mehrere Seiten von Übungen, basierend auf Paggis Thema, verfaßt.

Sich Übungen auszudenken und aufzuschreiben war Moyses liebster Zeitvertreib. Es half ihm, Übungsmaterial für sich selbst zu erfinden. Genauso verfuhr er mit Reicherts „Täglichen Übungen". Eigentlich jeder schönen Melodie, die ihn interessierte, fügte er einige Variationen hinzu, um einem bestimmten Problem beizukommen. Gleichzeitig versuchte er, das musikalische Interesse des Ausführenden zu wecken. Er betrachtete Melodien und Übungen aus jedem Blickwinkel und versuchte, immer neue Wege zu finden, wie man sie spielen konnte, damit sie über den technischen Zweck hinaus die musikalische Vorstellungskraft stimulierten.

Moyse schrieb zwanghaft.

Im vorausgegangenen Kapitel war von Flötisten und Musikern zu lesen, die Zeugnis über Moyses bemerkenswerte Lehrweise ablegten – wie er arbeitete, um den Sinn einer Übung zu entdecken und wie er den Studenten dann zeigte, wie sie vorgehen sollten, damit die Übung Sinn macht. Moyse verfügte über viele verschiedene Möglichkeiten zu umschreiben, was er wollte. Vielleicht wirken die Übungen ohne seine Vorstellungskraft und Inspiration etwas „antiseptisch".

Oftmals widmete er ganze Lektionen einer der „Täglichen Übungen" von Reichert und verhalf dadurch seinen Schülern zu einem neuen Verständnis einer einfachen Modulation. Er sprach so eingehend über diese oder jene Farbe beim Modulieren, daß die Modulation in die parallele Molltonart und wieder zurück zur nächsten Durtonart zu einem musikalischen Erlebnis wurde. Simple Modulationen verloren für ihn nie ihren Reiz. Eine Weiterentwicklung der Reichert-Übungen findet sich am Ende des Bandes „Tone Development through Interpretation", Übungen D 1-4, Seite 78 und E 1-5, Seite 79.

„Versuche, im Piano den Schatten des Klanges zu erzeugen – nicht den Klang." (Moyse)

Eines Abends spielte James Galway in Boswil die letzten zarten Übungen, E 1–5 aus dem Tone Development-Buch. Es war bezaubernd. Nach der Lektion fragte Moyse: „Wer spielt als nächstes?" Die zartesten Klänge schwebten noch immer im Raum und in unseren Ohren. Niemand wagte, den Zauber, der in dieser Nacht in der alten Kirche geschaffen worden war, zu brechen. Die Klasse wurde beendet.

„De La Sonorité"

Der Verfasser erinnert sich an Moyses Diskussion über die Kürze seiner Erklärungen in den Büchern: „ *Es ist doch so, wenn man ein Buch mit Übungen schreibt, darf man wirklich nur einen Satz zur Erklärung schreiben oder man muß ein ganzes Kapitel verfassen, wie sie zu üben sind. Wenn du einmal mehr als einen Satz dazu geschrieben hast, mußt du mehr erklären."* Deswegen finden wir in seinen Ausgaben von Etüden nie mehr als einen kurzen, hilfreichen Satz, wie sie zu üben sind.

Natürlich hat das Vorwort zu „De la Sonorité" bei vielen Flötisten Verwirrung ausgelöst, und zwar nicht wegen der Übersetzungen. *„So wenig Text kann auch ein Vorteil sein. Manches im Vorwort zu „De la Sonorité" kann mißverstanden werden, wenn man niemanden hat, der einen gut anleitet. Mich zum Beispiel hat es ein oder zweimal ein wenig verwirrt; die Aussagen über den Kiefer habe ich vollkommen fehlinterpretiert. Anderen ging es genauso. Es muß also nicht unbedingt schlecht sein, nur wenig Text vor sich zu haben."* (Gilbert)

Worauf Gilbert hinweist, ist der Abschnitt im Vorwort über den Ansatz, der, besonders mit Blick auf die Rolle des Kiefers, nicht einfach zu verstehen ist. Moyse empfiehlt zum Beispiel auf Seite 4 in „De la Sonorité", daß der Kiefer vom g' bis zum cis" „mehr und mehr zurückgezogen werden soll" (vermutlich um Töne, die sonst zu hoch würden, tiefer zu intonieren), und vom g' bis zum c' soll „der Kiefer mehr und mehr vorgeschoben werden" (um Töne, die sonst zu tief würden, höher zu intonieren). Wenn dieser Hinweis im Allgemeinen richtig ist, so war er in den frühen 30er Jahren[2], als die Grundstimmung gestiegen war und man die großartigen französischen Flöten des späten 19.Jahrhunderts, die für etwa 435 Hz gebaut worden waren und nun in 440 Hz oder sogar höher geblasen wurden, benutzte, noch wichtiger. Um die Oktave und die Skala zu verkürzen, mußte der Spieler sich an Moyses obige Anweisung halten. Obwohl vielen Spielern das Vorwort vom Verständnis her schwierig erscheint, ist das Kapitel über die Gleichmäßigkeit des Tones durch die mittlere und tiefe Lage und der Abschnitt über Geschmeidigkeit deutlich formuliert. Die meisten seiner Studenten hatten, bevor sie Moyse trafen, den Text sorgfältig gelesen und versucht, seine wirkliche Bedeutung zu erfassen. Nachdem man mit Moyse studiert hatte, wurden die meisten seiner Ideen und Konzepte klar und deutlich.

„Denk an Debussy, wenn du Tonübungen spielst. Denk an Tonübungen, wenn Du Debussy spielst." (Moyse)

„„De la Sonorité" war ein Meilenstein in der Betrachtungsweise des Tones, seiner Fülle, Farbe und Artikulation. Diese Übungen sollten für immer die Bibel des Flötenspielers sein, und ich denke, sie sind es. „De la Sonorité", die „Täglichen Übungen" und „Gammes et Arpèges" sind von äußerster Wichtigkeit. Er hatte so viele Schüler. Sie liebten ihn und glaubten so fest an das, was er sie gelehrt hatte, daß sie es nun ihren eigenen Schülern weitergeben. Ich denke, die Schule von Moyse lebt weiter." (Prieur)

Abb. 36a „De la Sonorité", Original Handschrift, 1926-27

Abb. 36b „De la Sonorité"

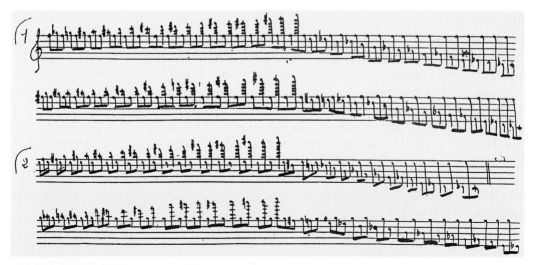

Abb. 36c „De la Sonorité"

Moyses Flöte

„Taffanel sagte zu mir: 'Dein F und E sind zu tief, und dein A ist zu hoch.' Taffanel wußte, daß die Flöte zu lang war." (Moyse)

Man bedenke, daß erst in den letzten Jahren entdeckt wurde, daß die Skala – um genauer zu sein, die Position der Tonlöcher – unserer Flöten nicht stimmte. Dies betraf die meisten Flöten seit die Grundstimmung in den späten 30er Jahren von A 435 Hz auf A 440 Hz angestiegen war. Aller Wahrscheinlichkeit nach wurden Moyses Ideen zur Bewegung des Unterkiefers bis zu einem gewissen Grad durch die Skala der Flöten, die er besaß, beeinflußt. In Gesprächen mit dem Verfasser schien es, als ob er sich zu keiner Zeit mit der Position der Tonlöcher befaßt hatte, noch schien er sich für die Skala, nach der Flöten gebaut waren, zu interessieren. Gleichwohl zeigte er Interesse für die Härte des Flötenrohres, für die Auswirkungen verschiedener Metalle auf den Flötenklang und für die verschiedenen Arten von Kopfstücken.

Moyses Flöte war eine Cuesnon, Modell Marcel Moyse Nr. 11980. Wie bei allen seinen Flöten handelte es sich um ein Instrument mit geschlossenen Klappen. Das Kopfstück, auf dem er jahrelang spielte, trug die Gravur „A. ROBERT, PARIS". Moyse erzählte dem Verfasser, daß er es – vermutlich eines aus der Werkstatt von Lebret – für zehn Francs auf dem Pariser Flohmarkt gekauft hatte. Weil es nicht genau auf seine Flöte paßte, gab er es zu dem Pariser Flötenbauer Alexandre Robert. Ohne Erlaubnis signierte dieser es mit seinem eigenen Namen. Moyse spielte es fast sein ganzes Leben lang.

Das Mundloch war ursprünglich kleiner, und Moyse stimmte einer Vergrößerung zu. Dabei wurde es dann durch zufälliges Überschneiden zu groß. Es mißt 10,1 mm x 13,1 mm, in der Diagonalen 12,3 mm. Die Vorderseite des Kamins ist ungefähr 5,6 mm tief, die Rückseite etwa 4,5 mm. Die seitlichen Schultern sind wie bei vielen modernen Flöten abgerundet.

Einen Vergleich zwischen Moyses Flötenskala und einer 'modernen' Skala zu ziehen, ist nicht ohne weiteres möglich. Dennoch kann man sagen, daß mit Ausnahme des höher intonierten Cis" und des höher intonierten Fußstückes die Skala seiner Flöte der heute üblichen Skalenlänge entspricht. Daraus folgt, daß Moyses Flöte nach einer kürzeren Skala gebaut wurde, als Flötisten heute normalerweise blasen. Beim Versuch, aus diesen Tatsachen und Maßangaben irgendwelche Schlüsse zu ziehen, möge sich der Leser daran erinnern, daß Moyse das Mundloch etwas weiter abdeckte, als dies heute allgemein üblich ist. In früheren Jahren spielte Moyse sowohl auf Louis Lot- als auch auf Lebret-Flöten. Erstaunlicherweise zeigte er, nachdem der Verfasser seine Cuesnon überprüft und ausgemessen hatte, starkes Interesse an der Skala der Flöte. Er bat darum, die in der Skala korrigierte Lebret des Verfassers probieren zu können. Am nächsten Tag schickte er den Verfasser zum ortsansässigen Musikalienhändler in Canterbury, um eine japanische Schülerflöte zu kaufen, auf der er einige Monate spielte, bevor er dann doch wieder zu seiner Cuesnon zurückkam.

Der Verfasser ist sich sicher, daß Moyse die beschriebenen Bewegungen des Unterkiefers wegen der Tendenz der damaligen Flöten zur zu tiefen Intonation in der unteren Lage verlangte.

„Enseignement Complet de la Flute" –
Das vollständige Schulwerk

Vielleicht hatte Moyse anfänglich nicht beabsichtigt, eine ganze Reihe von Heften zu verfassen, von denen jedes einen anderen Aspekt des Flötenspiels zum Thema hatte. Vielleicht war es die Idee des Herausgebers, diese Reihe „Enseignement Complet de la Flute" oder „Vollständiges Schulwerk" zu nennen. Jedenfalls wurde die Leduc-Reihe einzigartig in der Geschichte unseres Instrumentes. Flötenspieler und Lehrer auf der ganzen Welt bedienen sich bei der Behandlung von flötistischen Problemen immer wieder dieser Hefte.

Seine Anfängerschule ist besonders interessant, aber sie wird nicht so häufig benutzt. „Le Débutant Flutiste" behandelt alle Tonarten gleicher Schwierigkeit (oder Einfachheit?) und deckt den gesamten Tonumfang der Flöte ab. Es war eine so neuartige Idee, daß der virtuose französische Fagottist Fernand Oubrados sein eigenes Heft, „Débutant Bassoniste", nach dem Vorbild von Moyses Heft verfaßte. Der Verfasser hält „Le Débutant Flutiste" für ein ziemlich kühles Heft. Es gibt darin keine Melodien, Duette oder Stücke zur Erholung. Es ist ein reines Übungsheft über lange Töne, auf der gegenüberliegenden Seite vervollständigt durch Tonleiterübungen. Als jemand, der das Heft in den frühen 60er Jahren häufig benutzte, wies der Verfasser Moyse darauf hin, daß es ohne eine „Gebrauchsanweisung" schwierig zu verstehen sei. Er fragte ihn, ob es nicht besser gewesen wäre, dem Heft ein Blatt zur Erklärung des Aufbaus und Inhaltes beizulegen. (Der Vertreter des Verlegers in London, United Music Publishers, hatte dem aufgrund ähnlicher Kritik anderer Lehrer schon zugestimmt). Moyse war über diesen Vorschlag wütend. „Es ist nicht notwendig," erklärte er. „Es gibt bei diesem Heft keinerlei Probleme, und man muß es so lassen, wie es ist. Nur ein dummer Mensch kann Probleme haben, es nicht zu verstehen."

So war das.

Beiläufig erzählte Moyse dem Verfasser, daß all seine Hefte, die bei Leduc veröffentlicht waren, vollständig verkauft wurden und nicht den üblichen urheberrechtlichen Prozentspannen unterlagen. Er mußte einerseits glücklich darüber gewesen sein, wie erfolgreich sie sich verkauften und andererseits enttäuscht, keine Tantiemen mehr vom Verlag zu erhalten.

„24 Kleine Melodische Übungen"

„Ich schrieb sie, um den vielen Studenten zu helfen, die keine einfachen Melodien gestalten können." (Moyse)

Die „24 Kleinen Melodischen Studien" und die „25 Melodischen Studien mit Variationen" gehören zu den wichtigsten Übungen, die jemals für Flöte geschrieben wurden, obwohl sie von den meisten Studenten unterschätzt und als 'Kinderkram' bezeichnet werden. Es war für jeden, der mit Moyse daran arbeitete, ein Schock, daß diese offensichtlich einfachen Melodien mit ihren harmlosen Variationen die Tür zu den strukturellen Geheimnissen der Musik öffneten: Phrasenbildung, Ton, Klangfarbe, Artikulation, verschiedene Verzierungen und alles, was zum technischen Grundvokabular eines kompletten Musikers gehört.

„Ich habe diese Hefte nicht für Kinder geschrieben," sagte er einmal. „Ich schrieb sie für die vielen (Hochschul-) Studenten, die zu mir kamen und nicht einmal eine einfache Phrase gestalten konnten."

Die Anregung zu den „24 Kleinen.Melodischen Übungen" entstand durch Andersens Besuch in der Klasse von Taffanel, als dieser gerade die dritte aus den „Etüden op. 15" für Andersen spielte. Moyse war von diesem Erlebnis so beeindruckt, daß er auf den Gedanken kam, eigene Studien zu verfassen.

Der Verfasser erinnert sich an eine Geschichte, die Moyse zur Entstehung der „24 kleinen melodischen Studien" erzählte: Eines Tages fuhr er mit einigen Freunden von St. Amour in die Berge des Jura. Seine Fahrweise war etwas ungewöhnlich. Er blieb so lange in der Straßenmitte, bis ihm ein Fahrzeug entgegenkam. Erst ziemlich spät wich er seitlich aus. Der gleiche Fahrstil wurde vor langer Zeit von Pferdefuhrwerken gepflegt. (Moyse fuhr einen Volkswagen, einen Käfer, und der Verfasser erinnert sich, sich an dem kleinen Handgurt festgehalten zu haben....). Die Aussicht auf die Berge und Täler des Jura war genauso unvergeßlich wie die Garnelen zum Mittagessen danach. Wir fuhren nach Beaume les Messieurs, und auf halbem Weg zum Berg hinauf hielt er seitlich an und sagte: „1928 hielt ich hier schon einmal auf der Rückfahrt von St. Amour an. Celine war eingeschlafen. Ich nahm Papier und begann, Melodien mit Variationen aufzuschreiben." Dies waren die ersten der „24 Kleinen melodischen Studien".

„Wenn Ihr die erste meiner 24 Studien übt, spielt wie eine Frau zu Gott beten würde, ihrem kranken Kind zu helfen – spielt nicht, als ob ihr Gott drohen wolltet!" (Moyse)

Die Behauptung, die beiden Hefte gehörten zu den bedeutendsten Studien der Flötenliteratur, könnte jemanden, der nur eine Ansammlung von Melodien mit naiven Variationen darin sieht, ziemlich verwirren. Sie jedoch für Moyse zu spielen, war ein echtes Vergnügen. Er zeigte uns ihre Schönheit, wie ihre Grundregeln auf den Rest des Flötenrepertoires angewandt werden können und wie nützlich sie – intelligentes Üben vorausgesetzt – sind.

Seine Begeisterung für das Motorradfahren hatte einiges mit seinem Schreiben zu tun. 1968 gab er zu: „Manche meiner Studienhefte sind nicht so wichtig. Ich habe halt jedes Jahr, wenn wir etwas Neues für das Haus brauchten oder ich ein neues Motorrad oder einen Seitenwagen kaufen wollte und Geld brauchte, einige neue Übungen verfaßt." Die „24 melodischen Studien" gehören sicher nicht in diese Kategorie.

Das „Melodienbuch"

„Ich beschäftigte mich wieder und wieder mit ihnen, bis ich immer begeisterter wurde und schließlich beim Spielen eine Art Erhabenheit in mir spürte. Nach einigen Jahren entschied ich mich, diese Melodien zur Grundlage meiner Lehrmethode zu machen." (Moyse)

„Tone Development through Interpretation" oder das „Melodienbuch", als das es bekannt wurde, war sicher sein liebstes Heft, weil es Erinnerungen an berühmte Sänger und Instrumentalisten wach hielt, die Moyse zu seiner Niederschrift inspiriert hatten. Es war für seine Studenten immer ein wichtiger Teil der Schul- und Spielliteratur, weil es Mittel aufzeigte, Klangfarbe, Ausdruck und dramatische Momente passend zur jeweiligen Melodie zu entwickeln. Darüber hinaus ergab sich, sensibles Üben vorausgesetzt, ein Bewußtsein für Form und Struktur der Melodien.

„Wie man sich beim Singen mit Worten ausdrückt, muß man sich beim Spielen einer Melodie mit der Klangfarbe ausdrücken." (Moyse)

„Viele seiner Hefte sind voller Geheimnisse. Man muß ihn darüber sprechen gehört haben, wie man daran arbeiten solle, um das Mysterium zu verstehen. Dies gilt insbesondere für das 'Melodienbuch'. Er liebte diese Melodien und schrieb sie nieder, weil er an einer besonderen Färbung seines Tons arbeiten wollte, die er bei einem bestimmten Sänger gehört hatte." (Bennet)

Es handelt sich bei diesem Buch um ein persönliches Übungsbuch, in das seine Erfahrungen im Orchester der Opéra Comique, bei Kammermusikproben und Konzerten mit anderen Musikern einflossen. Es ist es eine Sammlung von Arien und Melodien, die Moyse, als er sie in Paris hörte, so begeisterten, daß er sie sofort niederschrieb. „Ich kam von der Vorstellung nach Hause und bearbeitete die Melodie sofort." Er arbeitete an jeder Phrase, um denselben Ausdruck, dieselbe Klangfarbe und schließlich dasselbe musikalische Ergebnis zu erzielen, durch das ihn der Sänger inspiriert hatte. Nachdem er die Grundmelodie geübt hatte, transponierte er sie in verschiedene Tonarten und variierte sie in den Klangfarben und im Ausdruck. Oft spielte er sich mit Melodien aus diesem Heft ein".

„Nichtsdestoweniger ist es ein persönliches Buch. Er versuchte immer, seine eigene Begeisterung darüber den Studenten zu vermitteln. Für jeden, der die Melodie, die Oper oder den Text der Arie nicht kennt, ist das Heft sicher weniger bedeutsam. Obwohl die vielen Übungen und Etüden für den Studenten einen unerläßlichen Bestandteil seines Studiums darstellen, ist es sicher hilfreich, daran mit jemandem arbeiten zu können, der Moyses Unterricht selbst erlebt hat – jemand, der genau weiß, wozu sie dienen können. Nehmen wir zum Beispiel die Melodien im Tone Development Heft. Sie scheinen einfach zu sein, leichte Anfängerstücke. Wenn man nichts damit anzufangen weiß, wenn man nicht weiß wie der Phrasenaufbau entwickelt wird, wie sich die Handlung in den Klangfarben und im Ausdruck wiederfindet, sind sie sicher nicht so wertvoll." (Bogorad)

Die anderen Hefte

„Ich denke, Gaubert hatte einfach Glück. Ihm flog alles ohne Schwierigkeiten zu. So machte ich mir nach jeder Stunde bei ihm Notizen, um mich daran zu erinnern, Übungen für dieses oder jenes Problem zu erfinden. Ich bemühte mich, dabei einen natürlichen Weg zu finden." (Moyse)

Zusammen mit „De la Sonorité" wurden die „Exercices journaliers" seine bekanntesten Hefte. Bei letzterem handelt es sich um ein systematisch aufgebautes Übungsheft, das Tonleitern und gebrochene Akkorde enthält, von denen allerdings die letzten Übungen für einige Studenten zu 'gebrochen' und zu schwierig sein könnten. Moyse schlägt nach dem Vorwort ein auf 26 Tage angelegtes Übeschema vor. Darauf angesprochen, ob er wirklich erwarte, daß jeder die Abschnitte M, N, O, P und Q, R, S und T üben solle, antwortete er: „Nein, aber wenn man eine Idee nicht ganz zu Ende denkt, setzt man sich der Frage aus 'Warum haben sie hier abgebrochen?'"

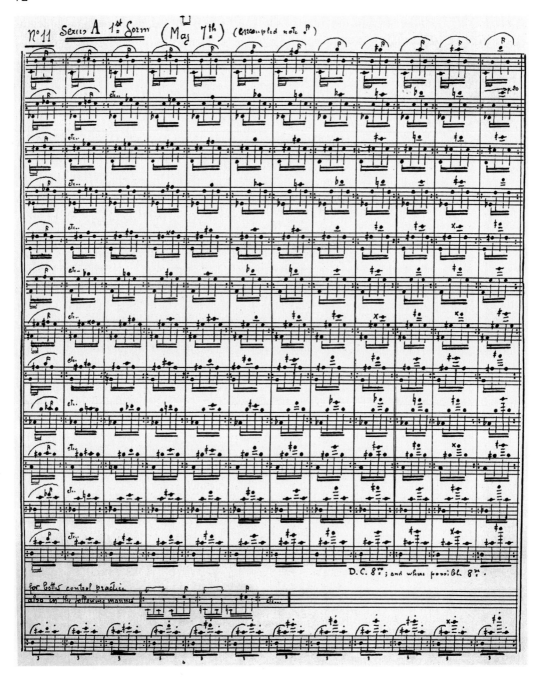

Abb. 37 „Technical Mastery for the Virtuoso Flutist", Seite 13, in Moyses originaler Handschrift

In seinem Heft „Technical Mastery for the Virtuoso Flutist"[3], das von manchen Studenten „Wandtapete" genannt wird, schrieb er alle Kombinationen von vier Noten im gesamten Tonumfang der Flöte nieder. Dem Flötisten wird damit erstklassiges Übungsmaterial für die Fingertechnik an die Hand gegeben, bei dem alle möglichen Fingerbewegungen geübt werden. Manche finden auf den ersten Seiten bereits genügend Übestoff, der es unnötig oder sogar unmöglich macht, die letzten 20 Seiten ernsthaft zu üben. Die meisten werfen früher oder später das Handtuch. Auch für Anfänger ist es ein ungemein wichtiges Heft, weil die Finger durch beharrliche Wiederholung schwieriger Gruppen und unangenehmer Griffkombinationen trainiert werden – anders, als es in den üblichen Etüden und Übungen geschieht. Moyse empfahl, die Übungen senkrecht und waagerecht genauso wie rückwärts zu spielen (siehe Abb. 37). So begegnet der Student unerwarteten Wendungen und trainiert die Fähigkeit, auf plötzliche Änderungen zu reagieren. Moyse nannte dies „Training der Reflexe".

„Wenn Du Bach übst, beginne mit zwei oder drei Tönen, dann mehr, dann einige Takte und schließlich die ganze Melodie. Nach einer Stunde fühlst Du dich wohl! Alors! Am nächsten Tag spielst Du wieder – es ist schlechter als vorher!" (Moyse)

Das Heft „Fünfzig Variationen über Bachs Allemande" ist ein weiteres Beispiel dafür, daß seine Intentionen etwas von dem abweichen, was auf das Deckblatt gedruckt wurde. Dort wird behauptet, daß die Variationen zum Studium von Artikulation, Ausschmückung, Trillern, Doppelschlägen und Verzierungsnoten dienen. Selbstverständlich spielten diese Dinge in den Stunden bei ihm eine große Rolle. Moyse sagte oft zu den Studenten Dinge wie „Die zweite Note einer Bindung ist leiser aber nicht kürzer" und „Deine Artikulation ist nicht deutlich". Dennoch haben die Lektionen in diesem Buch mehr damit zu tun, wie man mit dem richtigen Maß an rhythmischer Freiheit eigentlich verständlich spielen kann und wie man den Rhythmus als Stilmittel benutzen kann. Noch ein Buch also, das mit Moyses Hilfe ein wichtiger Teil des Übestoffes der Studenten wurde!

„The Flute and its Problems", eines der letzten Hefte, die Moyse fertigstellte, ist die Weiterentwicklung des Melodienbuches mit Rückgriffen auf einige Übungen aus früheren Heften. Moyse umriß den Inhalt wie folgt: „Ich schreibe gerade an einem Heft mit Anmerkungen zu Übemethoden und Interpretationsweisen. Vor allem aber handelt es vom Respekt vor den Vorgaben, zu denen sich der Komponist oft unter vielen Mühen durchgerungen hat." Leider wird das Heft für den, der es ohne Kenntnis der Lehrweise Moyses und seiner früheren Hefte benutzt, ein Geheimnis bleiben.

„Ich hatte mir eine Platte mit Rubinsteins Aufnahme der Chopin Nocturnes gekauft und versuchte, so Flöte zu spielen, wie er Klavier spielte." (Moyse)

Die Etüden nach Chopin, Kreutzer, Czerny und Wieniawski entstanden, um den Flötisten zu helfen, etwas von der erstrebenswerten Ausstrahlung der Geige und des Klaviers zu erlangen. Moyse beneidete Geiger um die Leichtigkeit, mit der sie ausgedehnte Arpeggien, rasende Staccati und große Intervallsprünge bewältigen. Er übte und imitierte diese Dinge auf der Flöte. Die fließende Gewandtheit, mit der ein guter Pianist eine große Anzahl von Tönen – alle mit der gleichen Farbe – spielen kann, mußte der Flöte erschlossen werden, wenn sie ein vollwertiges Musikinstrument werden sollte.

„Die Geige, das Klavier und die Stimme sind Könige. Die Flöte ist lediglich eine Königin – eine sehr schöne Königin, aber eben nur eine Königin." (Moyse)

Die „480 Gammes et Arpèges" haben, wie die „Études et Exercices techniques" und „Mécanisme – Chromatisme", viele Verehrer. Teilweise hatte er diese Werke am Conservatoire in Paris benutzt, bevor sie veröffentlicht wurden.

„Ihr solltet an Eurer Artikulation mit einem guten Geiger arbeiten – Sie verstehen, worum es geht." (Moyse)

„École de Articulation" und „20 Exercices et Études sur les grandes Liaisons" werden bei Uneingeweihten schlecht abschneiden, weil sie keinerlei Erklärungen und Hilfestellungen enthalten. Dennoch haben diese Hefte eine zwar kleine, aber begeisterte Anhängerschaft. Die ersten paar Übungen in jedem Heft sind sehr sinnvoll.

Abb. 38 „Grande Polonaise" von Theobald Boehm, op. 16, aus „The Golden Age of the Flutist"

Wenn es ihm notwendig schien, etwas zu „verbessern", hatte Moyse keine Hemmungen, in einer Etüde alles mögliche zu ändern. So gibt es zum Beispiel in Boehms „24 Caprice Etudes op. 26" einige Takte, in denen Moyse manche Noten und einige Nebensächlichkeiten veränderte, um den Harmonieverlauf besser verdaulich und logischer zu machen. Man konnte den Eindruck gewinnen, Moyse habe später in seinem Leben seine Meinung über die Erklärungen in seinen Heften geändert. Man findet in „The Flute and its Problems", „How I stayed in Shape" und „How to practise" Kommentare, die oberflächlich betrachtet leicht verständlich sind, obwohl man gleichzeitig in dem Gefühl lebt, daß der Kern der Aussage fehlt. Vielleicht sollte man diese Kommentare nicht zu genau lesen, um einfach nur die grobe Richtung dessen zu verstehen, was er sagen möchte.

„Ich stehe unter dem Zwang, über die unserem Instrument eigenen Schwierigkeiten zu triumphieren." (Moyse)

Kurz nach Celines Tod erläuterte Moyse in einem Brief: *„Dieses starke Bedürfnis, meine Begeisterung für die Flöte und die Musik, die mich umgibt, mitzuteilen, ist sicher die Grundlage meiner Entscheidung, einige Bücher zur Flöte zu verfassen. Ich stehe unter dem Zwang, über die unserem Instrument eigenen Schwierigkeiten zu triumphieren, um dadurch meine Gefühle besser mitteilen zu können. Ich bedaure nur, den Verlagen gegenüber nicht darauf bestanden zu haben, daß zu jeder Übung ein Kommentar gehört, der den Studenten helfen soll, den Zweck der Übung zu verstehen."*[4]

„The Flute and its Problems" ist ein Werk, das Erläuterungen von Moyse enthält. Wie auch andere Autoren und Flötisten meinen, wären seine Absichten wahrscheinlich weniger deutlich geworden, wenn er in mehreren seiner Hefte so verfahren wäre.

Wenn ein Student ein Exemplar von „The golden Age of Flutists" bei ihm direkt kaufte, scheute er sich nicht, die wenigen Fehler darin zu korrigieren und das Deckblatt mit einem winzigen Kreis zu markieren, der seine Korrekturen belegte.

Manche seiner Hefte, „Technical Mastery for the Virtuoso Flutist", „The golden Age und The Flute and its Problems" sind sowohl im Kommentarteil als auch im Notenteil in seiner unnachahmlichen Handschrift verfaßt. Seine Handschrift war schön und sehr charakteristisch für ihn – besonders in den Briefen. Sie waren mit peinlicher Sorgfalt geschrieben, so daß man als Empfänger immer viel Freude daran hatte. Moyse versuchte, so zu schreiben wie er sprach. Man konnte ihn als Leser seiner Briefe fast reden hören.

„Früher gab Moyse zu, nicht viel natürliche Begabung für die Flöte zu besitzen. Vielleicht liegt darin der Grund, daß er so viele Hefte zur Flötentechnik schrieb. Vielleicht schrieb er sie für sich selbst, für sein eigenes Üben."[5] *(Guiot)*

„Als ich ihn zum letzten Mal in Brattleboro besuchte, saß er immer noch an seinem Tisch und schrieb. Ich war sehr gerührt." (Rampal)

Obwohl Moyse nur einige Töne täglich – allerdings fast bis zum letzten Tag – übte, fuhr er fort, methodische Übungen zu verfassen, aus keinem anderen Grund als zu seinem eigenen Vergnügen.

Flötisten auf der ganzen Welt werden ihm dafür immer dankbar sein.

Fußnoten zu Kapitel 3

1. „Rimembranze Napoletane"; Fantasie für Flöte und Klavier, Zimmermann, ZM 23150

2. In diesem Zusammenhang möge man bedenken, daß „De la Sonorité" 1934 veröffentlicht wurde.

3. „Technical Mastery for the Virtuoso Flutist" wurde von Moyse privat gedruckt und ist zum Zeitpunkt des Erscheinens dieser Biographie vergriffen.

4. Stimmt nicht ganz: „Leduc war immer darauf bedacht, Kommentare in den Heften zu haben, weil sie dadurch eine gelehrte Ernsthaftigkeit erhielten." (L. Moyse)

5. Louis Moyse bestätigte Guiots Aussage in einem Brief an den Autor, indem er schrieb: „Dieser Kommentar entspricht absolut der Wahrheit."

Kapitel 4

Der ausübende Musiker

„Moyse war nicht der typisch französische Spieler. Ein französischer Flötist erzeugt einen hübschen Ton. Moyses Ton ist nicht hübsch. Es ist etwas überwältigend Schönes – nicht in der Qualität des Tones an sich, sondern in dem, was er mit der musikalischen Linie macht und wie sie sich entwickelt." (Bennet)

„Es scheint mir kaum nötig, die Kunst von Marcel Moyse zu unterstreichen. Er ist heute ohne Zweifel der weltweit führende Flötist. Er ist ebenso ein gebildeter Musiker wie ein Interpret, bei dem Intelligenz und Sensibilität Hand in Hand gehen. In der Kombination von unbegrenzten technischen Möglichkeiten und einem unvergleichlich vornehmen Ton spielte der gefeierte französische Flötist die a-Moll Sonate nicht nur mit überlegener Beherrschung des Instrumentes, sondern auch mit tiefempfundenem Ausdruck. Dies gilt ganz besonders für die „Sarabande", eine freie und spontane Melodie, die still entschwebte ... dargeboten in höchster künstlerischer Vollendung und unwiderstehlich bewegend in ihrer Einfachheit."[1]

Moyse verfügte von Anfang an über die natürliche Begabung eines schönen Tones. Er arbeitete hart, um diese Begabung zu einem Mittel zu kultivieren, das es ihm erlaubte, sich damit auszudrücken und sein wichtigstes Prinzip weiter zu verfolgen: Musik zu spielen und nicht Flöte.

„Mein Onkel kam um fünf Uhr morgens zum Schlafen nach Haus, nachdem er in der Brasserie gespielt hatte. Ich übte gerade in meinem Zimmer, als er an die Wand klopfte und rief: 'Marcel! Marcel! Wo ist das Metrum? Zeig' die Musik!' Letztlich habe ich die musikalischen Regeln von meinem Onkel gelernt. Natürlich lehrte sie auch mein Lehrer Taffanel, aber zuerst mein Onkel."(Moyse)

Oberflächlich betrachtet scheint es, als ob Moyse eine natürliche Technik besaß. Man kann sie als Technik ohne viel ernsthaftes Üben bezeichnen.

„Sicher war er sehr talentiert, zum Glück für ihn; allerdings nicht in dem Maße, daß er nicht nach Verbesserung hätte streben müssen... Was er vor allem besaß, war ein klarer und logischer Geist, Selbstdisziplin, ein großes Herz – er war in die Schönheit und all ihre Aspekte verliebt –, Ehrfurcht vor der Musik und die Willenskraft, sein Ziel zu erreichen."
(L. Moyse)

Abb. 39 Moyse auf dem Höhepunkt seiner Karriere

Moyse schien keine Stücke zu üben. *„Stücke üben? Ich erinnere mich nicht daran, ihn als ich erwachsen war, jemals Stücke üben gehört zu haben; er spielte sie einfach! Seine Möglichkeiten waren so groß, daß er sich an jede Art von Musik annähern konnte, ohne mit dem Stück selbst Schwierigkeiten zu haben. Seine tägliche Routine, als erster Flötist über viele Jahre in verschiedenen Orchestern gesessen zu haben, hatten ihn unglaublich versiert gemacht.“* (L. Moyse)

„Ich habe die Mozart-Konzerte 50 mal gespielt. Vielleicht eine Stunde vor dem Konzert übe ich etwas davon, aber ich spiele viele Übungen.“ (Moyse)

Poul Birkelund erzählt eine interessante Geschichte, die Moyses Selbstvertrauen und Ruhe vor Konzerten beschreibt: *„Es war 1938 oder 1939; ich hatte gerade eine Lektion bei ihm beendet, als er mich fragte: 'Hast Du jetzt irgendetwas zu tun?' 'Nein,' sagte ich. 'Dann laß uns zusammen spazierengehen,' antwortete er. Wir gingen also durch Paris und kamen an ein Gebäude. Er sagte: 'Ich muß da 'mal rein. Kommst Du mit?' 'Ja, klar,' sagte ich. Wir gingen hinein. Es war ein Aufnahmestudio mit einem Orchester, das bereits wartete. Fünf Minuten später war das rote Licht an, und er spielte das Haydn-Konzert. Er hatte keine Note davon geübt, er baute nur seine Flöte zusammen und spielte es. Oh ja, er war sich seiner selbst sicher. Mit 45 war er eine egozentrische und starke Persönlichkeit.“* (Birkelund)

Höchstwahrscheinlich war dies eine Liveübertragung, denn Moyse machte niemals eine Einspielung des Haydn-Konzertes.

Der Einfluß von Hennebains, Taffanel und Gaubert

Moyse ging mit 15 Jahren nach Paris, um seine allgemeine musikalische Ausbildung und ernsthafte Flötenstudien zu beginnen. Er lebte bei seinem Onkel, einem professionellen Cellisten. In Paris machte der junge Moyse die Bekanntschaft der drei Männer, die für seine musikalische Entwicklung bestimmend wurden: Adolphe Hennebains, Paul Taffanel und Philippe Gaubert.

Wir wissen, daß er eifrig an der Technik gearbeitet hat, indem er nicht nur Etüden anderer Komponisten übte, sondern eigene Übungen zur Lösung seiner individuellen Schwierigkeiten erfand und übte. Er war ein verbissener Arbeiter. Gaubert, den er sehr bewunderte, übte nie besonders viel, weil er eine natürliche Technik hatte. Moyse besaß diese natürlichen Anlagen nicht. Er mußte eifrig üben und ständig über die Lösung all der musikalischen und technischen Hindernisse reflektieren. Alle Etüden und Übungen entstanden zunächst zur Selbsthilfe. Später halfen sie Millionen von Studenten.

„Ich bewundere Taffanel vor allen anderen Spielern– er war ein großer Musiker und ein großer Mann.“ (Moyse)

„Er sprach über das, was er Paul Taffanel, Adolphe Hennebains und Philippe Gaubert schuldete. Allerdings in den letzten 20 Jahren viel mehr als früher. Seine Schüler aus den 30er Jahren sagen, er habe Taffanel damals selten erwähnt. Offensichtlich erkannte er ihren Einfluß und ihre Verdienste um seine Karriere gegen Ende seines Lebens besser. In Wahrheit verhält es sich wahrscheinlich einfacher. Moyse besaß eine natürliche Neugier für all die musikalischen und technischen Vorgänge, die in die Entwicklung eines perfekten Flötisten einfließen. Dies war

mehr als alles andere der bestimmende Einfluß für seinen phänomenalen Erfolg als Musiker. Taffanel, Gaubert und Hennebains öffneten manche Tür für ihn, gaben ihm Einblick, was getan werden kann, um die Flöte von einer Pfeife zu einem Instrument mit großer Ausdruckskraft und Schönheit zu machen. Eines ist seltsam: Moyse kam nach Taffanel, Hennebains und Gaubert und eröffnete uns dennoch die Musik des 19. Jahrhunderts viel besser als seine Lehrer. " (Marion)

Abb. 40 Adolphe Hennebains, der große Spaßmacher, Syrinx darstellend

Wie Louis Moyse herausstellt, gibt es dafür einen guten Grund. Moyses musikalisches Wirken und seine Karriere fand in unserem Jahrhundert zu einer Zeit statt, als Gaubert schon nicht mehr konzertierte.

Hennebains sagte einmal: *„Obwohl ich nie bei Taffanel Unterricht hatte, war er doch mein wahrer Lehrer!"* Diese Aussage spiegelt die Ansicht mehrerer Flötisten der damaligen Zeit wider und belegt einmal mehr, welch einflußreicher und großartiger Künstler Taffanel im Orchester und in Kammermusikensembles gewesen sein muß.

Das meiste von Moyses Üben war, wie bei jedem anderen auch, auf die Bewältigung von Problemen, sei es technischer oder rein musikalischer Natur, ausgerichtet. Wenn es in den Andersen-Etüden oder der Taffanel-Gaubert-Schule keine Übung für ein bestimmtes Problem gab, komponierte Moyse eine und schickte sich dann an, das Problem zu bearbeiten. Dieser Zwang war der Auslöser für seine Tätigkeit als Verfasser von Etüden und Übungen. Er erhielt sich diese Berufung bis zu seinen letzten Tagen. Seine Frau Celine sagte oft: „Immer und immer die Flöte. Immer üben oder schreiben. Er hört nie auf."

„Nachdem ich meinen ersten Preis hatte, spielte ich fünf Jahre lang jeden Montag Kuhlau-Duette, Trios und Quartette. Zuerst zwei Jahre lang mit einem guten Freund, dann fragte mich ein reicher Amateurflötist[2]. Drei Jahre lang spielten wir von fünf bis sieben Billard, aßen dann gut und spielten schließlich – manchmal mit Laurent – von neun bis elf Kuhlau. Dies half mir sehr, solistische Fähigkeiten zu bekommen, weil ich dabei lernte, mit anderen zusammen zu spielen, genau zu sein und gut zu intonieren." (Moyse)

Moyse lernte, sich auf zwischenmenschliche Erfahrungen und alltägliche Ereignisse – auf das Leben selbst – zu beziehen, wodurch die Musik und der Ausdruck, den er suchte, eine vergeistigte 'Atmosphäre' erhielt. *„Eines Tages unterrichtete Taffanel am Conservatoire. Es war Winter, ungefähr fünf Uhr nachmittags, und das Tageslicht verschwand langsam. Taffanel* *nahm seine Flöte, um etwas zu zeigen. Es war so schön. Ich wollte die Atmosphäre einfangen, wie Taffanel es mit seiner Flöte gemacht hatte. So zog ich am nächsten Tag beim Üben die Vorhänge zu, um das gleiche Licht zu haben." (Bennet, Moyse zitierend)*

„Jemand hat einmal in einer Zeitung über mich geschrieben: 'Marcel Moyse ist der bis heute größte Flötist.' Nicht um bescheiden zu sein, sage ich:' NEIN! Taffanel war der größte Flötist aller Zeiten. Er war ein Gott der Flöte.'" (Moyse)

Moyse hatte eine unstillbare Wißbegierde.

„Ich hatte mich mit Gaubert zu einer Lektion verabredet und kam zu früh. Madame Gaubert bat mich zu warten. Gaubert übte den ersten Satz der h-Moll Sonate von Bach – es war so schön! Ich hörte einige Zeit zu, bis Gaubert kam und sagte: 'Oh, du hast gewartet?' (Ich glaube, er wußte, daß ich gelauscht hatte!) Ich sagte ihm, daß ich danach nun keine Stunde mehr nötig hätte. Ich hatte beim Zuhören genug gelernt. Es war außergewöhnlich." (Moyse)

„Was seinen Ton ausmachte, wurde ihm wirklich in die Wiege gelegt. Es gibt keine andere Antwort darauf. Er hatte seine Tonqualität bereits mit 16 oder 17. Danach arbeitete er hart, um sie sich zu erhalten." (L. Moyse)

Musikalische Entwicklungen in Paris

Alles, was mit der Flöte und Musik im weitesten Sinn zu tun hatte, vereinnahmte Moyse und beeinflußte seine frühe Prägung, darunter sogar solch vielfältige Erfahrungen wie die Mitwirkung im Zirkusorchester und das Erlebnis, Sousas Kapelle Märsche in Paris spielen zu hören. Mehr als diese einzelnen Erlebnisse waren jedoch die bedeutenden Sänger, Streicher und Pianisten der damaligen Zeit seine größte Inspirationsquelle. Moyse war sein ganzes Leben mit der Herausforderung befaßt, wie man der Flöte, ihrer Musik und den Spielern dasselbe künstlerische Niveau und dem Publikum dasselbe Vergnügen geben könnte. Dies war der hauptsächliche Auslöser für seine außergewöhnliche Motivation. Moyse fühlte, daß Flötisten den gleichen Beifall bekommen sollten, den normalerweise die gefeierten Virtuosen des Gesanges, des Klaviers und der Streichinstrumente erhalten. Er sah es als persönliche Herausforderung an, die flötistischen Probleme zu meistern und den 'Schandfleck', mit dem Flötisten behaftet sind, von ihnen zu nehmen. „Ich habe den Ehrgeiz, der Flöte die gleiche Würde zu verleihen, wie man sie der Geige oder dem Cello zuspricht", sagte er einmal.

„Er war der erste, der die Tür zur Öffentlichkeit aufstieß und der Flöte die Chance gab, sich als Soloinstrument zu präsentieren. Er war der erste, der wie ein bedeutender Sänger oder wie ein großer Geiger oder Cellist auf der Flöte sang. Seinetwegen ist die Flöte heute so beliebt." (Rampal)

„Nachdem ich Kreisler gehört hatte, arbeitete ich sechs Monate am Beethoven-Violinkonzert, um herauszufinden, was davon auf der Flöte möglich ist."

Wie wollte Moyse dem ärmlichen Bild, das die Flöte und ihre Musik in der Öffentlichkeit abgab, beikommen? Seine Antwort hieß, andere Instrumentalisten und Sängern zu studieren und von ihnen zu lernen.

1913 hatte er die Gelegenheit, mit Nellie Melba, der australischen Primadonna, durch die Vereinigten Staaten zu reisen und zu konzertieren. Während der Reise wurde ihm in Minneapolis, Minnesota, eine Stelle angeboten...gleichwohl, die Zeit war nicht reif dafür, und Moyse entschied sich, auch wegen des Ausbruchs des ersten Weltkrieges, nach Europa zurückzukehren.[3]

„Obwohl seine Klassen später mit Humor gewürzt waren, war er in der Musik viel witziger als in seiner Sprache. Er erzählte mir Geschichten, wie er Nellie Melba in den Kadenzen neckte und den Notentext veränderte, oder wie er während des Konzertes etwas Neues erfand, nur um damit herumzuspielen." (L. Moyse)

An der Pariser Opéra Comique hatte er die besten Gelegenheiten, alle großen Sänger zu hören. Dadurch lernte er, sich musikalisch in der gleichen Weise auszudrücken. Es wurde wichtig für ihn zu lernen, wie man „etwas zu sagen hat." Nach einer Vorstellung kehrte er nach Hause zurück und versuchte, die eben gehörten Ideen inspirierten Singens mit der Flöte zum Ausdruck zu bringen. Er transponierte die Melodie sowohl, um mit dem Ausdruck der Musik zu experimentieren, als auch, um die Arbeit daran schwieriger zu machen. Es gab immer irgendein Problem, das gemeistert werden wollte.

Die Aufnahmetechnik

Die 'Akustische Aufnahme', wie sie früher in unserem Jahrhundert genannt wurde, hatte mit dem, was heute bei der Produktion einer CD geschieht, nichts zu tun. Um 1920 war ein Aufnahmestudio ein kleiner Raum, allerdings groß genug für einen großen Billardtisch. Auf der einen Seite, oft in der Ecke, befand sich ein riesiger Grammophontrichter wie der von „His Masters Voice", aber ohne den Hund!

Die Musiker wurden auf kleinen Podesten postiert, die, je weiter vom Trichter entfernt, umso mehr erhöht waren. Weil sie mit dem Rücken zum Dirigenten standen wurden für die Hornisten Spiegel strategisch günstig aufgestellt, damit ihre Schalltrichter zum Aufnahmetrichter zeigten. Die Solisten standen immer direkt vor dem Aufnahmegerät, und der Dirigent saß auf einigen Stufen genau hinter dem Solisten über dem Trichter. Die Baßlinie fiel aufnahmetechnisch so schlecht aus, daß der Kontrabaß durch eine Tuba verstärkt werden mußte.

Es gab damals keine Aufnahmewiedergabe, oder zumindest wurde dabei der Wachsträger unwiederbringlich zerstört. Von 1926 an entstanden die ersten elektronischen Aufnahmen, und der Gebrauch von Mikrophonen erlaubte die qualitativ bessere Aufnahme auch größer besetzter Werke. Die frühen Aufnahmen von Piccolisten und Soloflöte, die der Autor gesammelt hat, klingen auf den Wiedergabegeräten, für die sie gedacht sind, sehr gut. So ist zum Beispiel die Wiedergabequalität der Solostimme in den frühen Flöten- und Piccoloplatten von Eli Hudson, die ohne Zweifel mit dem Kopf im Trichter aufgenommen wurden, wirklich sehr gut, wenn man sie auf einem handgemachten E.M.G.[4] Grammophon mit Fasernadeln abspielt.

Moyses Aufnahmen

Seine wichtigsten Aufnahmen entstanden zwischen 1926 und 1932, also zu einer Zeit, in der die Aufnahmetechnik im Vergleich zu heute noch sehr unausgereift war. Nicht für jeden ist beim Hören dieser Aufnahmen im Vergleich zu „Live"-Konzerten Moyses Tonqualität unstrittig. René Rateau beobachtet, daß es damals *„keine Flötenrezitals wie heute gab. Wenn man Moyse in den 20er Jahren hören wollte, mußte man in ein Konzert gehen, wo er im Orchester spielte oder manchmal eben ein Solokonzert auf dem Programm stand."*

„Die Qualität seines Spiels ist im Vergleich zu seinen Aufnahmen sehr ähnlich. Wenn es einen Unterschied gibt, liegt er darin, wie die frühen Aufnahmen entstanden. Wenn ich eine seiner Aufnahmen hörte, klingt alles etwas kleiner. Er hatte einen so reichen Ton, der aber von der Platte nie ganz naturgetreu wiedergegeben werden konnte. Die Vollkommenheit seines Tons und die Interpretation aber waren gewiß." (L. Moyse)

Die heutigen Hörer sind gegenüber seiner Tendenz, zu hoch zu intonieren und gegenüber seinen grundsätzlichen Intonationsproblemen viel kritischer. Diese Eigenart ist auch heute noch, obwohl inzwischen verbessert, ein verbreitetes Merkmal französischer Flötisten. Man sollte sich der Tatsache bewußt sein, daß die Qualität des Klanges und der Stimmung beim Überspielen der 78 U/min–Platten zu heutigen LPs etwas leiden, weil sie gewöhnlich etwas zu schnell abgespielt werden. Wenn sie schneller abgespielt werden, ergibt sich eine höhere Stimmung und ein schnelleres Vibrato, keine natürlichen Merkmale von Moyses Ton. Aber auch für moderne Ohren ist der Reichtum seines Tones, die Interpretation und der Zauber immer noch erkennbar.

Wenn man ehrlich ist, sind viele seiner Einspielungen, verglichen mit heutigen Spielern, zu hoch in der Intonation, obwohl das seine Bewunderer nicht allzusehr zu stören scheint. Der Leser möge berücksichtigen, daß die Musiker in der ersten Hälfte dieses Jahrhunderts von vielen Intonationsproblemen umgeben waren. Darunter waren die unterschiedlichen Stimmhöhen der Länder nicht die Geringsten. Noch heute herrschen Mißverständnisse über die Standardstimmung. Heute kann jeder Flöten mit „moderner Skala" kaufen. Moyse war hier im Nachteil. Außerdem schien man sich in der ersten Hälfte dieses Jahrhunderts generell nicht so stark um Intonationsprobleme zu kümmern, wie dies heute der Fall ist. Die Zeiten ändern sich eben. Von hunderten von Flötenaufnahmen – zwischen 1908 und 1940 entstanden –, die der Autor angehört hat, weisen die meisten Intonationsprobleme auf – manche davon ziemlich ernster Art. Die meisten dieser Aufnahmen belegen die üblichen Merkmale des Instrumentes: eine zu tiefe erste Lage, ein zu hohes C" und Cis" und eine zu hohe dritte bzw. vierte Lage. Moyse kam mit diesen Schwierigkeiten viel besser zurecht als die meisten seiner Zeitgenossen, einschließlich anderer Instrumentalisten. In seinen späteren Jahren kommentierte Moyse Studenten gegenüber die Stimmung und Farbe des Cis oftmals so: „Du mußt dein Cis in einem Kramladen gekauft haben!"

„Andere haben oft gesagt, daß Moyse in seinen Mozartaufnahmen zu hoch ist. Normalerweise regt mich zu hohes Flötenspiel auf. Aber ich war schon immer der Meinung, Moyse sei der einzige, der zu hoch sein konnte und dennoch nicht unangenehm wurde. Er hatte eine solche Magie in seinem Spiel, daß er sich dem entziehen konnte." (Bennet)

Um eine Bewertung der allgemeinen Intonationsstandards und Aufführungspraktiken der damaligen Zeit treffen zu können, sollte man Moyses Aufnahmen mit denen seiner Zeitgenossen – sowohl im Bereich der Flöte als auch anderer Instrumente – vergleichen.

Die Aufnahme des Brandenburgischen Konzertes (Nr. 2)

„Wenn man eine Aufnahme von ihm hört, ist es so perfekt, daß man glaubt, die absolute Wahrheit gehört zu haben. Danach will man keine Halbwahrheiten mehr hören. Zum Beispiel die Aufnahme des zweiten Brandenburgischen Konzertes mit dem Busch-Orchester. Es gibt keine schönere Aufnahme von diesem Werk. Es stimmt, daß ein paar Kleinigkeiten nicht zusammen sind, einige Trompetentöne 'kieksen', und sie benutzen ein Klavier als Continuoinstrument. Aber trotz alledem hat die Aufnahme eine Lebendigkeit wie keine danach." (Bennet)

Moyses Verbindung mit dem Busch-Orchester war sehr fruchtbar, besonders im Hinblick auf die Aufnahmen. Viele davon wurden historische Tondokumente, was Moyse zum Zeitpunkt der Entstehung nicht für möglich gehalten hätte. *„Diese Aufnahmen gewähren einen Einblick in seine musikalische Persönlichkeit, und darin liegt ihre größte Bedeutung. Man kann die Aufrichtigkeit und das Gefühl hören. Man hört bei Moyse weniger das Instrument Flöte, sondern unmittelbar die Musik. Er spricht zu dir."* (Bogorad)

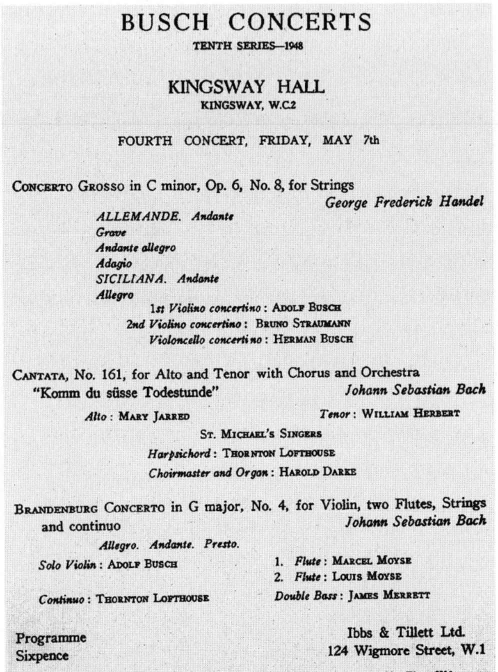

BUSCH CONCERTS
TENTH SERIES—1948

KINGSWAY HALL
KINGSWAY, W.C.2

FOURTH CONCERT, FRIDAY, MAY 7th

CONCERTO GROSSO in C minor, Op. 6, No. 8, for Strings — *George Frederick Handel*
ALLEMANDE. Andante
Grave
Andante allegro
Adagio
SICILIANA. Andante
Allegro
1st Violino concertino: ADOLF BUSCH
2nd Violino concertino: BRUNO STRAUMANN
Violoncello concertino: HERMAN BUSCH

CANTATA, No. 161, for Alto and Tenor with Chorus and Orchestra "Komm du süsse Todestunde" — *Johann Sebastian Bach*
Alto: MARY JARRED — *Tenor*: WILLIAM HERBERT
ST. MICHAEL'S SINGERS
Harpsichord: THORNTON LOFTHOUSE
Choirmaster and Organ: HAROLD DARKE

BRANDENBURG CONCERTO in G major, No. 4, for Violin, two Flutes, Strings and continuo — *Johann Sebastian Bach*
Allegro. Andante. Presto.
Solo Violin: ADOLF BUSCH — 1. *Flute*: MARCEL MOYSE
2. *Flute*: LOUIS MOYSE
Continuo: THORNTON LOFTHOUSE — *Double Bass*: JAMES MERRETT

Programme Sixpence — Ibbs & Tillett Ltd. 124 Wigmore Street, W.1

Hon. Secretary, Busch Concerts Society — Miss M. F. Dakyns, 6 Devonshire Place, W.1

Abb. 41 Konzertprogramm des Busch-Kammerorchesters

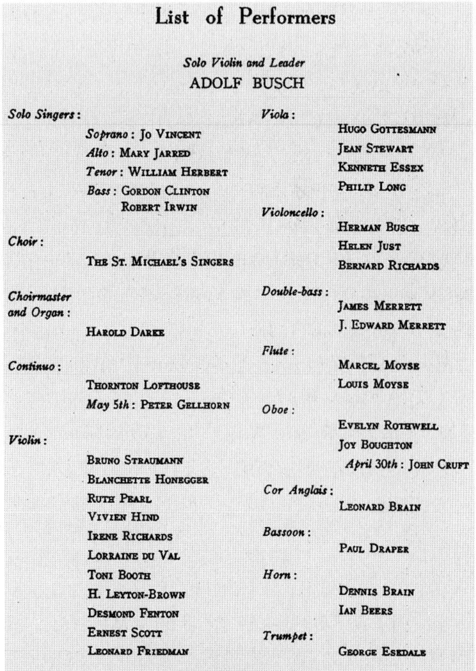

List of Performers

Solo Violin and Leader
ADOLF BUSCH

Solo Singers:
Soprano: JO VINCENT
Alto: MARY JARRED
Tenor: WILLIAM HERBERT
Bass: GORDON CLINTON, ROBERT IRWIN

Choir:
THE ST. MICHAEL'S SINGERS

Choirmaster and Organ:
HAROLD DARKE

Continuo:
THORNTON LOFTHOUSE
May 5th: PETER GELLHORN

Violin:
BRUNO STRAUMANN
BLANCHETTE HONEGGER
RUTH PEARL
VIVIEN HIND
IRENE RICHARDS
LORRAINE DU VAL
TONI BOOTH
H. LEYTON-BROWN
DESMOND FENTON
ERNEST SCOTT
LEONARD FRIEDMAN

Viola:
HUGO GOTTESMANN
JEAN STEWART
KENNETH ESSEX
PHILIP LONG

Violoncello:
HERMAN BUSCH
HELEN JUST
BERNARD RICHARDS

Double-bass:
JAMES MERRETT
J. EDWARD MERRETT

Flute:
MARCEL MOYSE
LOUIS MOYSE

Oboe:
EVELYN ROTHWELL
JOY BOUGHTON
April 30th: JOHN CRUFT

Cor Anglais:
LEONARD BRAIN

Bassoon:
PAUL DRAPER

Horn:
DENNIS BRAIN
IAN BEERS

Trumpet:
GEORGE ESKDALE

Harpsichord by THOMAS GOFF

Abb. 42 Besetzungsliste des Busch-Kammerorchesters

„Für Nichtflötisten haben seine Platten eine große Bedeutung und werden heute als Sammelobjekte behandelt. Ihre Bedeutung hat die Jahre überdauert, und auch heute noch sind sie bemerkenswert. Es gab nie ein anderes Kammerensemble mit diesem Gefühl für Lebendigkeit und Begeisterung." (Gilbert)

Ganz aktuell empfahl 1992 ein BBC-Programm, in dem die Diskussionsteilnehmer über Aufnahmen der Brandenburgischen Konzerte sprachen, die Busch-Aufnahme als eine der zwei oder drei außergewöhnlichsten Aufnahmen aller Zeiten. Dies ist um so bemerkenswerter, wenn man bedenkt, in welcher Zeit sie entstand.

Natürlich machte er auch Platten für den populären Markt.

„Eine Platte von Moyse ist die unglaublichste, die er je aufgenommen hat – der Carneval von Venedig (Genin). Die Phrasierung, die Technik,...es ist ganz außergewöhnlich." (Guiot)

„Einmal sagte er: 'Weißt Du, mir macht ein kleines Stück von Genin mehr Spaß als Mozart.' Ich fragte: 'Warum, Papa?' Er antwortete: 'In zwei oder drei Jahren haben sie nur 35 000 Platten der Mozartkonzerte verkauft, der Genin hat sich aber 100 000 mal verkauft.' Ich will damit nicht gesagt haben, daß er bei Mozart nicht großartig gewesen wäre – er war in allem großartig." (L. Moyse)

Moyses letzte Aufnahmen

Das Konzert für Flöte und Harfe von Mozart ist die letzte bedeutende Soloaufnahme, die Moyse machte.[5] Lily Laskine merkte an, welche Freude es war, mit einem solch großen Musiker wie Moyse zu arbeiten. *„Der wundervolle Klangfarbenwechsel zum zweiten a-Moll-Thema im ersten Satz … niemand sonst hatte je solch einen Klang. Moyse erreicht auf dem hohen D eine gesangliche Qualität wie jeder der großen Sänger."* (Bennet)

„Seine letzte offizielle Aufnahme in Paris entstand 1948: Gennaros „Aubade Printanière" für zwei Flöten und Geige und Louis Moyses „Scherzo" aus der „Suite in C" für zwei Flöten und Bratsche. Es war eine Aufnahme mit dem Trio Moyse. Zur gleichen Zeit entstand die Aufnahme des Cimarosa- Konzertes für zwei Flöten und Orchester – Marcel und Louis Moyse mit dem Lamoureux-Orchester, als Dirigent E. Bigot. Es gab in den 50er und 60er Jahren einige Neupressungen und Aufnahmen, die zu Hause entstanden. Etwas später, 1966 oder 1967, nahm er „The French Flute School at Home" auf. Er war 77 Jahre alt – eine ziemlich beeindruckende Leistung in diesem Alter. Er nahm es alleine in seinem Schlafzimmer auf und ging dann zum His Masters Voice-Studio nach New York, um ein Masterband erstellen zu lassen." (L. Moyse)

Besser begreiflich als durch jede der auf LP oder Kassette überspielten Aufnahmen wird Moyses Tonqualität durch die aktuelle Ausgabe von „Marcel Moyse: The Complete Works of the Great Flutist" bei Muramatsu-Records (ADAM–MGCD 1001–5) in einem Set von fünf CDs. Obwohl das Rauschen der 78 U/min Originale noch hörbar ist, wird der Flötenton ausgezeichnet wiedergegeben.

Moyses Einfluß auf britische Flötisten

„Es war ein wunderschöner Glanz in Moyses Ton, den man auf Aufnahmen hören kann; in Wirklichkeit war seine Wirkung noch viel verheerender." (Gilbert)

„Als Moyse England in den späten 30er Jahren besuchte, war seine Wirkung auf das Konzertpublikum auffallend. In England war man diesen Klang und diese Musikalität bei der Flöte nicht gewöhnt. Die Stilistik, der Ton, der Ausdruck und nicht zuletzt der Gebrauch des Vibrato waren äußerst bemerkenswert. Einige Musiker hörten ihm erstaunt zu, andere ignorierten ihn und den frischen Wind, der da aus Frankreich blies, ganz einfach. Plattenfirmen wie H.M.V. zogen es vor, Flötisten für solistische Aufnahmen zu importieren. Mich verwirrte es etwas, daß Busch hierher kam und, obwohl er zwei englische Oboisten und einen Trompeter für sein Orchester engagierte, dennoch zwei französische Flötisten, Marcel und Louis Moyse, mitbrachte. Ich war der Meinung, das sei nicht fair und sprach darüber sofort mit Mister Guisberg, dem Aufnahmemanager von H.M.V. Ich wollte wissen, wie es dazu kam. Er teilte mir auf eine nette, aber dennoch sehr bestimmte Weise mit, daß meine Art, Flöte zu spielen und das englische Flötenspiel allgemein für die Plattenfirma nicht akzeptabel sei. Wir würden anders spielen. Ich stimmte ihm zu. Er fuhr fort: 'Wenn Sie Moyse hören möchten, kommen Sie nächste Woche ins Studio. Er macht dann hier Aufnahmen.' Ich war da, und als sie mit der Einspielung begannen, war es eine Offenbarung für mich. Niemals zuvor hatte ich solche Flötentöne gehört. Es war ein wunderschöner Glanz in Moyses Ton, den man auf Aufnahmen hören kann; in Wirklichkeit war seine Wirkung noch viel verheerender. Ich würde ihn an die erste Stelle setzen, weil er eine solche Wirkung auf mich hatte. Niemand sonst hatte die gleiche Ausstrahlung wie er in den Aufführungen der Brandenburgischen Konzerte. In erster Linie war ich von dem, was er machte, beeindruckt, aber eben auch davon, daß, obwohl man sich noch einen anderen Spieler mit einem ähnlichen Ton vorstellen konnte, hier zwei Flötisten das Brandenburgische Konzert zusammen spielten und sich absolut ebenbürtig waren. So etwas hatte man zuvor in England nicht gehört. Die ganze Sache fand in einer fast unwirklichen Atmosphäre statt. Ich war den ganzen Tag lang wie betäubt." (Gilbert)

Wer Gilbert kannte und respektierte, weiß, daß diese Geschichte als verläßliches Zeugnis eines Menschen zu gelten hat, der sich selten auf Phantasiegebilde einließ.

„Es war, als ob man die Wahrheit selbst hörte." (Bennet)

Die meisten englischen Flötisten waren der Meinung, Moyses Spiel sei zu verzärtelt, zu blumig oder einfach zu schön. Es entsprach eben nicht der britischen „steifen Oberlippe", die mit den Holzflöten zusammenhing. Es ist mehr als wahrscheinlich, daß deutsche Flötisten dieser Einschätzung zustimmten, weil französisches Flötenspiel als unmännlich galt. Man sollte sich auch vor Augen führen, daß in den 30er Jahren die englischen Berufsflötisten fast durchweg Holzflöten spielten. Amateurflötisten benutzten sowohl Holz- als auch Silberflöten.

Das Trio Moyse

„Man sollte annehmen, daß all sein Üben den Stücken galt, die er zu spielen oder aufzuneh-men hatte; weit gefehlt. Zu den Zeiten des Trio Moyse probten wir niemals. Wir bereiteten nie etwas vor! Er kannte seine Stimme und ich kannte meine. Blanche kannte ihre, und so spielten wir einfach. Wir probten nicht, niemals. Nehmen wir zum Beispiel die Martinů-Sonate (Trio), die für uns geschrieben wurde... Ich hörte meinen Vater etwa eine halbe Stunde darin spielen: Ich hörte meine Frau, wie sie einige Fingersätze oder Bogenstriche eintrug, und ich übte mei-nen Klavierpart... und so gingen wir in die Aufnahme. Wir spielten die Stücke nur bei den Auf-nahmen ganz. Wir sagten: 'Oh, das ist aber ein schönes Stück.' Wir entdeckten es erst während der Aufnahme!

Wir spielten instinktiv zusammen. Wir wußten, wo geatmet werden sollte. Wir wußten ohne Probe, wo wir dem anderen Raum zu geben hatten. Die jungen Musiker von heute sollten erken-nen, daß sie, wenn sie viele Proben benötigen, im falschen Beruf sind!" (L. Moyse)

„Wir probten und übten sehr viel zusammen, aber natürlich probten wir nicht vor jedem Konzert, weil wir uns eben so verstanden." (B. Honegger-Moyse)

Es könnte den Anschein haben, als ob das Moyse-Trio eine eher zufällige Einstellung zu Konzerten und Aufnahmen gehabt hätte. Die Plattenaufnahmen widerlegen diesen Trug-schluß ebenso, wie viele Personen das Gegenteil bezeugen, auch Personen, die das Trio 'live' gehört haben. Das Trio formierte sich 1933 mit Marcel Moyse, Flöte, Blanche

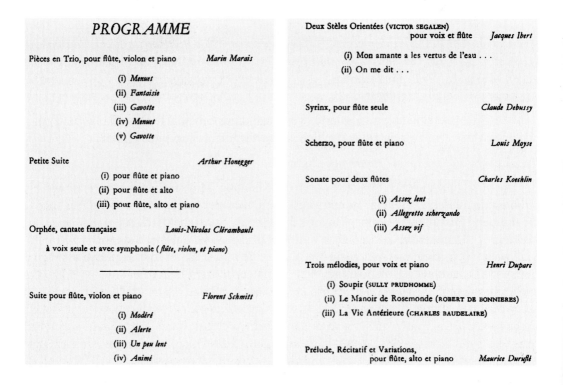

PROGRAMME

Pièces en Trio, pour flûte, violon et piano　　　　*Marin Marais*

    (i) *Menuet*

    (ii) *Fantaisie*

    (iii) *Gavotte*

    (iv) *Menuet*

    (v) *Gavotte*

Petite Suite　　　　*Arthur Honegger*

    (i) pour flûte et piano

    (ii) pour flûte et alto

    (iii) pour flûte, alto et piano

Orphée, cantate française　　　　*Louis-Nicolas Clérambault*

  à voix seule et avec symphonie (*flûte, violon, et piano*)

___

Suite pour flûte, violon et piano　　　　*Florent Schmitt*

    (i) *Modéré*

    (ii) *Alerte*

    (iii) *Un peu lent*

    (iv) *Animé*

Deux Stèles Orientées (VICTOR SEGALEN)
pour voix et flûte　　　　*Jacques Ibert*

    (i) Mon amante a les vertus de l'eau . . .

    (ii) On me dit . . .

Syrinx, pour flûte seule　　　　*Claude Debussy*

Scherzo, pour flûte et piano　　　　*Louis Moyse*

Sonate pour deux flûtes　　　　*Charles Koechlin*

    (i) *Assez lent*

    (ii) *Allegretto scherzando*

    (iii) *Assez vif*

Trois mélodies, pour voix et piano　　　　*Henri Duparc*

    (i) Soupir (SULLY PRUDHOMME)

    (ii) Le Manoir de Rosemonde (ROBERT DE BONNIERES)

    (iii) La Vie Antérieure (CHARLES BAUDELAIRE)

Prélude, Récitatif et Variations,
pour flûte, alto et piano　　　　*Maurice Duruflé*

Abb. 43 Programm des Trio Moyse, Wigmore Hall, London; mit Camille Maurane, Bariton

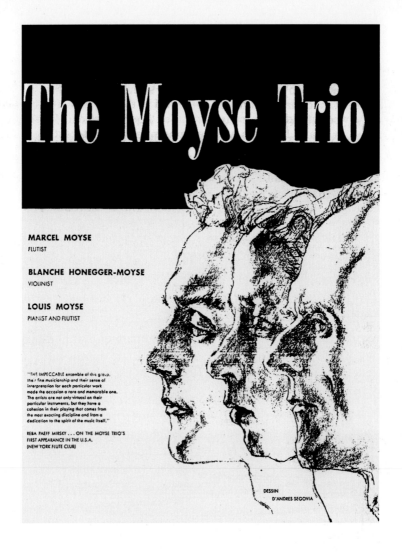

Abb. 44 Deckblatt der Werbebroschüre des Trio Moyse

Honegger-Moyse, der Frau von Louis, die Geige und Bratsche spielte, und Louis Moyse, Flöte und Klavier. Es konzertierte in ganz Europa und Südamerika und machte viele herausragende Aufnahmen, von denen die mit dem internationalen Schallplattenpreis 1938 ausgezeichnete Aufnahme der G-Dur Triosonate von Bach erwähnt sei. Eine Pressemitteilung aus dem Werbematerial des Moyse-Trios beschreibt das Ensemble: „In Kritiken wird das Trio als eines der perfektesten Kammermusikensembles unserer Zeit gerühmt. 'Critica' in Buenos Aires schrieb 1949: 'Das Konzert des Moyse Trios bot eine der wunderbarsten Wiedergaben von Kammermusik, die wir je erlebt haben.' Der berühmte Biograph Emil Ludwig beschrieb ein Konzert des Moyse-Trios in Luzern, Schweiz, als 'unvergeßlich' und sagte: „Flöte und Klavier, Flöte und Geige und alle drei zusammen sind sicher selten zu hören, sie aber in solcher Perfektion und musikalisch so kultiviert zu hören, ist heutzutage noch ungewöhnlicher."

Moyse und die Musik von Ibert

„Moyse, Sie sind wirklich unser aller Meister." (Crunelle)

„Er erhielt die Solostimme des Ibert-Konzertes während des Sommers, einige Monate vor der Aufführung. Nach einigen Tagen des Spielens – nicht des Übens – spielte er es so gut wie am Tag der Uraufführung. Danach hielt man es für so schwierig, daß niemand es zu spielen wagte." (Birkelund)

Andererseits erinnert sich Louis daran, daß sein Vater den dritten Satz trotz seiner Schwierigkeiten 1934 zum Examensstück der Jahresprüfungen des Pariser Konservatoriumsconcours bestimmte.

„Ich korrepetierte in der Klasse, und ich erinnere mich nicht daran, daß irgendjemand einen technischen Fehler begangen hat." (L. Moyse)

Über seine Blattspielfähigkeiten gibt es viele Geschichten. *„Ich erinnere mich, daß wir ihm „Le Tourbillon" von Andersen gekauft hatten. Er spielte es einfach vom Blatt. Es war fantastisch." (Birkelund)*

Das Ibert-Konzert wurde 1934 in Paris von Moyse uraufgeführt; Philippe Gaubert dirigierte. Unter den Zuhörern waren viele bedeutende Komponisten ihrer Zeit: Milhaud, Honegger, Poulenc, Martinu, Strawinsky und Roussel. Selbstverständlich war es ein bedeutendes Ereignis im Leben von Moyse.

„Nach dem Konzert faßte Gaston Crunelle, der später meines Vaters Nachfolger am Conservatoire wurde, die Gedanken aller über die Aufführung zusammen, als er sagte: 'Wissen Sie, Moyse, Sie sind wirklich unser aller Meister.'" (L. Moyse)

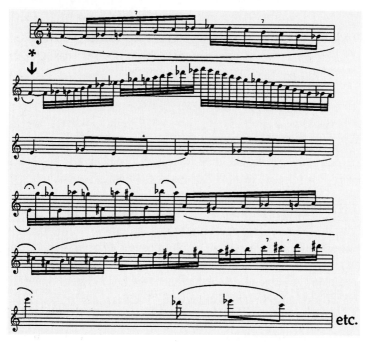

Abb. 45 „Pièce" von J.Ibert; Der zweite Einfall des Komponisten

Nach einer Aufführung des Konzertes unter Ibert 1936 in Prag wurden die Orchestermitglieder in die französische Botschaft zu einem Empfang eingeladen. Die Frau des Botschafters fragte Moyse, ob er etwas für die Gäste spielen könne. Ibert, der Moyses Verwirrung spürte und wußte, wie unwohl er sich in solchen Situationen fühlte, bot an, ein Stück zu komponieren, wenn Moyse es spielen würde. Nach einer Stunde hatte Ibert „Pièce" vollendet; es wurde dann um zwei Uhr morgens uraufgeführt! Louis Moyse erinnert sich an eine interessante Geschichte, eine alternative Passage in „Pièce" betreffend: *„Später erklärte mein Vater Ibert, daß der kleine chromatische Terzengang (am Ende von Seite 2 der Leduc–Ausgabe) eher pianistisch als flötistisch sei. Ibert stimmte ihm zu und sagte: 'Es macht mir nichts aus, es zu ändern,' und fügte hinzu: 'Jeder, der in der Lage ist, das Stück technisch zu bewältigen, sollte musikalisch genug sein, seine eigene Kadenz zu improvisieren.'" (L. Moyse)*

Iberts Alternativfassung ist weit verbreitet. Sie ist links abgedruckt.

Moyses Zeitgenossen

„Niemand erreichte seine Ausdruckskraft." (Prieur)

„Er war wie ein Zirkuskünstler. Wenn mein Vater auf der Bühne stand, war er wie ein Gaukler – alles war perfekt: Das Timing, der Klang, die Bühnenpräsenz, einfach alles. Du dachtest: 'Mein Gott, ist das wundervoll.'" (L. Moyse)

Diese Aussagen könnten beim Leser den Eindruck erwecken, es habe damals keinen Moyse ebenbürtigen Flötisten gegeben. Natürlich gab es außer den in Kapitel 2 bereits erwähnten Flötisten viele herausragende Spieler wie Caratgé, Dufrène (der im Gegensatz zu anderslautenden Geschichten niemals Vollstudierender bei Moyse war), Leroy (erster Preis in Genf 1946 und nicht mit le Roy zu verwechseln) und Fleury.

„Damals gab es eine Menge guter Flötenspieler: Gaston Crunelle oder René le Roy zum Beispiel, aber es gab absolut niemanden, der seine Ausdruckskraft erreichte. Er war unter allen Flötisten eine Ausnahmeerscheinung. Selbst auf seinen Aufnahmen, die in einer Zeit entstanden, als die Aufnahmetechnik noch nicht so gut wie heute war, kann man hören, wie fantastisch er war. Dies gilt auch mit Blick auf heute noch. Niemand kann eine Phrase mit dieser Intensität gestalten. Auf eine Art und Weise wie es jemand Außergewöhnliches wie Casals konnte. Moyse war ein außergewöhnlicher Mensch. Er verfügte über alle Möglichkeiten. Es war sagenhaft." (Prieur)

Moyses Philosophie: Die Musik spielen

„Ich spiele nicht französisch, deutsch, englisch oder amerikanisch. Ich versuche, die Musik und alles, was der Komponist verlangt, zu spielen." (Moyse)

„Man kann den Begriff 'Darstellung' bei Moyse wegen seiner Integrität und der Ehrenhaftigkeit seiner Persönlichkeit nicht verwenden. Er dachte zuerst an die Musik – ihren Ausdruck, aber nie an Selbstdarstellung'. Das gab es bei ihm nicht." (Prieur)

Die Philosophie, die Musik zu spielen und nicht nur Flöte, und, noch genauer, sein Ideal, zuerst und vor allem die musikalischen Gedanken des Komponisten auszudrücken, war der rote Faden, der sich durch Moyses Lehren und Spielen zog.

„Als ich Student war, hörte ich Gaubert einmal zwei Töne aus der h-Moll Sonate von Bach immer wieder üben. Ich fragte mich, was er da tat. Er hatte doch schon einen schönen Ton. Zwei Wochen später hatte ich auf einem Spaziergang durch den Bois de Boulogne eine Erleuchtung. Ich sagte zu mir selbst: 'Ich weiß nun, was er da geübt hat. Er übte nicht, um einen schönen Ton zu bekommen. Er entwickelte den Ausdruck des Klanges, und das ist nie zu Ende.'" (Moyse)

„Ich fing an, meine eigenen Gedanken zu entwickeln, genauso zu arbeiten, wie ich Sänger artikulieren gehört hatte – auf der Suche nach Reichtum im Klang, auf der Suche nach Obertönen. Und schließlich versuchte ich mich in der Musik so auszudrücken, wie man es in der Literatur tut...." (Moyse)

„Er wurde gebeten, auf der Hochzeit seiner Tochter die Sarabande aus der a-Moll Partita von Bach zu spielen. Jemand fragte ihn, ob es ein besonders bewegender Moment für ihn gewesen sei, gerade dieses Werk zur Hochzeit der eigenen Tochter zu spielen. Er schaute überrascht und sagte: 'Nein, so wie immer – ich vergesse alles andere; ich spiele Bach.'" (Bennet)

„Ich bin kein Musikwissenschaftler. Ich weiß nichts über Vivaldi, Monteverdi und andere: Ich analysiere Musik instinktiv und gefühlsmäßig." (Moyse)

„Er ist als Künstler überhaupt kein intellektueller Typ. Er interessiert sich für Musikwissenschaft und Musikgeschichte nur so weit, wie er muß. Erst seit er in den Staaten war, fing er an, Fragen zu beantworten und über das, was er tat, nachzudenken und logische harmonische oder analytische Gründe für einiges davon zu finden. Davor war es der reine musikalische Instinkt, der bei ihm besonders stark ausgeprägt war." (B. Honegger-Moyse)

Als Moyse an der Opéra Comique vorspielte, unterbrach ihn André Messager, der Vorsitzende der Jury und Komponist der Oper Fortunio, nach vier Zeilen des Chaminade–Concertinos. „Ich unterbreche, weil Sie ein Mensch sind, der die Musik kennt. Ich habe genug gehört."

Toscanini sagte einmal zu Moyse: „Ich habe Sie in Salzburg im Radio Mozart spielen gehört. Ich wußte sofort, daß Sie es waren. Ich erkannte Ihren Stil und Ihren Ton!"

„Ich vollführe keine Kunststücke; ich mache Musik." (Moyse)

„Er war so beharrlich in seiner Auffassung und bei seinen Konzerten. Man konnte Gaubert heute etwas so spielen hören, und in der nächsten Woche war es ganz anders. Wenn Moyse ein Mozartkonzert spielte, wußte man, daß er es in der darauffolgenden Woche im gleichen Stil und genau so spielen würde. Gauberts Auftritte waren mehr davon bestimmt, wie er sich an diesem Tag fühlte." (Rateau)

Poul Birkelund erzählt dazu folgendes: *„Gaubert ging manchmal noch im Morgenmantel in sein Arbeitszimmer, wo seine Flöte auf dem Tisch lag. Er nahm sie und spielte ein zartes hohes A. Wenn es gut klang, kam es vor, daß er an diesem Tag nicht übte."* [6]

Sein Temperament

Moyse hatte in seinem Leben mit vielfältigen Problemen zu tun: Familie, Karriere, das Verhältnis zu anderen Musikern und Autoritätsprobleme. Alle diese Schwierigkeiten hingen zum Großteil mit seinem eigenen Temperament zusammen. Trioproben verliefen oft stürmisch.

„Einmal in Kopenhagen probten Blanche, Louis und Marcel Moyse bei uns zuhause. Sie stritten über die Musik. Ich ging für eine gewisse Zeit weg, und als ich wiederkam, sagte meine Frau zu mir: 'Es wird heute Abend kein Konzert geben – sie haben sich über die Musik gestritten. Sie sind sehr aufgebracht.' Zehn Minuten später saßen sie alle da, rauchten gemütlich Pfeife und tranken Kaffee, als ob nichts passiert sei.“ (Birkelund)

Louis Moyse weiß von diesem Ereignis nichts mehr; ihre Beziehung war scheinbar so offen und ehrlich, daß sie in Proben ganz frei miteinander umgehen konnten.

Mehr zu Moyses überschäumendem Temperament findet sich in Kapitel 5: Der Mensch.

Moyse und die Musik von J. S. Bach

„Ich liebe Barockmusik, aber ich habe an anderer Musik mehr Freude.“ (Moyse)

Jeder, der eine Auflistung der Aufnahmen von Moyse studiert, könnte irritiert sein, daß die Bach-Sonaten und die Partita nicht vorkommen, obwohl er sie, wie durch Konzertnotizen belegt ist, häufig gespielt hat.

„Er glaubte, daß Musik von Bach in großartigen und bedeutenden Strukturen zusammengefügt ist; so großartig, daß er sie nur ungern öffentlich spielte und nie aufnahm. Er lehrte die Sonaten mit großer Hingabe und tiefem Verständnis, fühlte sich aber nicht in der Lage, sie angemessen aufzunehmen.“ (Lawrence)

„Es gibt gerade in Deutschland Leute, die ihre Zeit damit verbringen, sich zu fragen: 'Ist dies hier ein Doppelschlag, ein Triller oder etwas anderes?' Musik wird aber durch das Leben lebendig und nicht durch Musikwissenschaft.“ (Moyse)

SAMPLE PROGRAM

MARCEL MOYSE..........................FLUTIST
BLANCHE HONEGGER-MOYSE..............VIOLINIST
LOUIS MOYSE....................PIANIST-FLUTIST

I – TRIO–SONATE. sol maj. flute, violin, piano,...................J. S. BACH
largo, vivace, adagio, presto.

II – DUO en sol maj. pour deux flutes.....................HAENDEL
adagio, presto.

III – SONATE. violin et piano....................BEETHOVEN

IV – TRIO NO. 1 en ut. deux flutes et viola............HAYDN-MOYSE, Louis
allegro moderato, andante, vivace.

V – TRIO pour flute, violin piano..........................Jacques IBERT
I. Sortie de Messe
II. Andante
III. Allegro

VI – SYRINX pour flute seule ....DEBUSSY

VII – (A) Trios petites pieces en trio..........................A. HONEGGER
(B) La Chanson, pour deux flutes et violin............Marcel GENNARO
(C) Serenade, pour deux flutes et viola.................Louis MOYSE

Abb. 46 Programmvorschlag aus der Werbebroschüre des Trio Moyse

Häufig spielte das Trio Moyse die drei Triosonaten von Bach: Die in G-Dur mit Geige, die aus dem Musikalischen Opfer und die in G-Dur mit zwei Flöten und Continuo, BWV 1039.

„Es stimmt, daß mein Vater die Bach'schen Flötensonaten in den Trioprogrammen nicht unbedingt spielen wollte. Warum? Ich kann den wahren Grund nicht so richtig begreifen. Vielleicht gibt es mehrere Gründe. Vielleicht dachte er, sie seien für das 'normale' Konzertpublikum zu langweilig. Für viele gewöhnliche Musikliebhaber galt Bach in den 50er Jahren noch als ausgeklügelte und etwas mechanische Musik – eher Nahrung für den Geist als für die Seele. Vielleicht fühlte er sich bei den Gesangs- und Bravourstücken des 19. Jahrhunderts oder bei dem üblichen Flötenrepertoire, für das er eine zarte, liebevolle Zuneigung hegte, mehr in seinem Element, …vielleicht waren es auch andere Gründe. …sicher aber nicht, daß er sich den Stücken nicht gewachsen fühlte. Das Gefühl der Unterlegenheit gehörte ganz sicher nicht zu seinen Problemen!“ (L. Moyse)

Allerdings gab es einen Versuch, die Bach-Sonaten, oder zumindest eine von ihnen, aufzunehmen, auch wenn diese Aufnahme nie veröffentlicht wurde.

„Die Plattenfirma Columbia bat ihn, alle Bach-Sonaten einzuspielen. Er nahm zunächst eine davon auf, aber die Tonmeister beklagten sich darüber, daß sie seine Atmungen hören konnten, und nach einiger Diskussion entschieden sie sich, das Vorhaben nicht weiter zu verfolgen.“ (B. Honegger-Moyse)

Moyse hatte, wie wir wissen, sein ganzes Leben lang Atemprobleme. Er litt unter Asthmaanfällen und hatte Schwierigkeiten mit den Bronchien. Die Einladung der Columbia Records endete in einer abgebrochenen Aufnahmesitzung, weil seine Atemgeräusche zu sehr zu hören waren. Dies bedeutete einen traurigen Verlust für die Flötenwelt. Immerhin nahm das Trio Moyse während dieses Termins, der in den 50er Jahren stattfand, Bachs Triosonate in G-Dur für Flöte, Geige und Klavier auf.

War Moyse jemals mit seinen eigenen Aufnahmen zufrieden? Mit Blick auf die Mozart-Konzerte kann man dies bejahen. Diese Aufnahmen fanden weltweite Zustimmung und trugen wesentlich zu seinem Ruhm bei. Für die h-Moll Suite von Bach gilt genau das Gegenteil. *„Moyse war mit den Tempi der Sätze bei Bach unzufrieden. Er nahm es so schnell auf, weil Busch es wollte, fühlte aber gleichzeitig, daß die Tempi nicht richtig waren. Das sagt aber jeder Flötist!“ (Birkelund)*

„Mein Vater war nicht gewohnt, die „Badinerie“ so schnell zu spielen, wenn er mit Gaubert oder irgendeinem anderen Dirigenten zusammen musizierte. Aber Busch war der 'Chef', und er bestimmte das Tempo. Und es stimmt, speziell dieses Stück klingt gehetzt. Er benötigte all seine Energie, um es einzuspielen, und er sagte mir, daß er unglücklich damit war, aber die Aufnahme wurde sofort auf den Markt gebracht.“ (L. Moyse)

Einmal fragte der Autor Moyse in Canterbury, wieviele Aufnahmen er von Glucks „Reigen seliger Geister“ aus Orpheus gemacht habe.

„Nur drei,“ antwortete er. „Aber ich besitze vier; drei mit Deinem Namen und eine, von der ich vermute, daß Du das bist.“ „Nein,“ entgegnete er. „Ich habe nur drei gemacht.“ Ich ging in das andere Zimmer, um sie zu suchen. Er schaute sich – seine Pfeife paffend – die Platten genau an. Schließlich sagte er. „Nein, ich habe nur drei Aufnahmen des Orpheus gemacht.“

„Was ist mit dieser anderen," fragte ich verwirrt. „Ah, aber die ist doch nicht gut!" antwortete er. Das Ableugnen dieser Aufnahme zeigt eine listige, derbe, für Moyse ziemlich typische Logik.

Moyse und das Piccolo

Man sich Moyse aus verschiedenen Gründen nur schwer als Piccolospieler vorstellen, obwohl berichtet wird, er habe wundervoll gespielt. So gut, daß ihm Anstellungen als Piccolist angeboten wurden. Noch schwerer kann man sich allerdings vorstellen, er habe damals zeitgenössische Musik gespielt, obwohl er bestätigte, Schönbergs „Pierrot Lunaire" in Paris aufgeführt zu haben.

„Moyse spielte in der Opéra Comique Piccolo mit Lafleurance. An einer Stelle in der Stimme, wo das Piccolo ein hohes H zu spielen hat, gelang es ihm nicht, also steckte er die Finger in den Mund und pfiff." (Birkelund)

Louis Moyse fügt hinzu:

„Es war in den „Polowetzer Tänzen" mit dem Straram Orchester in der russischen Winterspielzeit – mein Vater spielte erste Flöte; Manouvrier saß am zweiten Pult. (Ich selbst half häufig an der zweiten Flöte aus.) Cooper, der Dirigent, lachte über diesen 'Witz' und sagte 'Es klingt wie ein Kosake, der auf seinen Fingern pfeift,' was wirklich die Idee von Borodin gewesen war." (L. Moyse)

Moyses Artikulation

„Die Platten, die dem Live-Erlebnis 'Moyse' am nächsten kommen, sind wahrscheinlich die 10inch Platten mit „Pièce" von Ibert und der Dvořàk „Humoreske". Sie beeindruckten mich ganz besonders, weil ich mir zum ersten Mal einer wirklich ganz genauen Artikulation bewußt wurde." (Gilbert)

„Moyses Artikulation war nicht nur etwas Mechanisches, sondern gewissermaßen der Ausdruck selbst." (Goldberg)

„Wenn du Noten aneinander fügst wie ein Klempner Rohre, wirst du Wasser für deine Küche haben." (Moyse)

„Sein Legato war so vollkommen, daß man völlig vergaß, daß er Flöte spielte. Es war nur ein Klang, und dieser Klang schwebte in der Luft und glitzerte. Man bekam nie das Gefühl, daß da ein Mensch irgendwelche Finger niederdrückte oder daß an irgendwelchen ungeschickten Stellen Pausen gemacht werden mußten. Das waren Dinge, die mich sehr faszinierten." (Gilbert)

Der alternde Moyse

„Die Gabe, die er besaß und die Wirkung, die er auf meine Studenten ausübte, war dieser wundervolle Sinn, sich ohne Worte mitzuteilen." (Gilbert)

Die meisten Aufnahmen, 20 Jahre alt oder älter, beginnen, für den, der sie gemacht hat, 'alt' oder betagt zu klingen. Ohne Frage hätte Moyse sie gerne später in seinem Leben noch einmal gemacht.

„Vieles von dem, was er auf seinen Platten gemacht hatte, war damals in Ordnung, aber mit Blick auf die klassische und barocke Musik haben sich die Erkenntnisse seitdem verbessert. Er würde heute sicher vieles, was er gemacht hat, kritischer sehen. Ich wehre mich allerdings gegen dieses Argument, weil für mich Musik nicht richtig sein muß, um überzeugend zu sein, und was er machte, war überzeugend. Die Gabe, die er besaß und die Wirkung, die er auf meine Studenten ausübte, war dieser wundervolle Sinn, sich ohne Worte mitzuteilen. Sie wurden von bloßen Flötenspielern zu Mitteilenden." (Gilbert)

Mit den Jahren wurde Moyse anfälliger für seine nachlassenden Fähigkeiten als Flötist, besonders für seinen Verlust an technischen Fähigkeiten. Nach dem Krieg hörte er einige junge, brillante Flötisten, die diese technischen Probleme nicht hatten. Das muß ihn geschmerzt haben. In einem Brief an Marianne Clément schrieb er:

„Sie vergessen mich nicht. Das tut so gut wenn man weit weg ist – weg von den früheren Schülern und den Freunden, an die man denkt und von denen man dreist glaubt, man könne noch etwas mehr für sie tun. Diese 15 Jahre Erfahrung in Amerika haben mich reifen lassen. Ja, glauben sie mir, wenn ich meinen beruflichen Weg noch einmal gehen müßte, ich würde es besser machen als beim ersten Mal. Ich bin mir bewußt, daß es eine der Schwächen des Alters ist, nicht alt werden zu wollen. Man strengt sich an, gerade zu stehen, und je weniger man spielen kann um so mehr glaubt man, daß das, was die Jungen machen, nicht nur gut, sondern besser ist als das, wozu man selbst auf seinem Höhepunkt in der Lage war. Ist das bei mir so? Vielleicht."

Korrektur der Überlieferungen

In Zeitschriften sind alle möglichen Berichte über außergewöhnliche Ereignisse, bei denen Moyse beteiligt gewesen sein soll, erschienen. Es wurde geschrieben, daß Moyse „in vielen Uraufführungen, z.B. von „L'Après Midi d'un Faune" und Debussys berühmter Syrinx" gespielt haben soll (vgl. Pan: The Journal of the „British Flute Society, Juni 1985)". Um diese Überlieferungen richtig zu stellen: „L'Après Midi" wurde am 23. Dezember 1894 uraufgeführt, als Moyse gerade fünf Jahre alt war! Gleichwohl wirkte er später in Aufführungen unter Debussy selbst mit. An der Uraufführung von Strawinskys „Sacre du Printemps" im Théatre de Champs-Elysées unter Pierre Monteux, sowie an der Uraufführung von „Der Feuervogel", „Petrouschka" und „Daphnis und Chloé" – die letztgenannte mit dem Straram Orchester unter Gaubert, war Moyse allerdings schon beteiligt. Darüber hinaus spielte er neue Kammermusik, darunter das Oktett von Strawinsky und Ravels „Chansons Madécasses" ein.

In einem Artikel in „Talking with Flutists", publiziert bei Edu-Tainment[7] wird behauptet, er sei in seinem Gebrauch der Klangfarben durch ein Treffen mit dem Maler Sisley geprägt worden. Moyse war gerade zehn, als Sisley in Paris starb.

Debussys „Syrinx"

„Debussy sagte: 'Bitte spielt genau das, was ich geschrieben habe! Versucht nicht, mit mir zusammen zu arbeiten.'" (Moyse)

Es existieren viele Berichte zur Herkunft von Debussys „Syrinx". Hoffentlich können die folgenden Informationen dazu beitragen, einige der Mythen aufzuklären.

Debussy komponierte „La Flute de Pan" oder „Syrinx" (so lautete der Untertitel) für Flöte solo im November 1913. Es entstand auf Bitten von Gabriel Mourey und sollte in dessen Drama „Psyché" als Zwischenmusik fungieren. Es wurde am ersten Dezember im Louis Mons Théatre in Paris vom Widmungsträger Louis Fleury uraufgeführt. Gerade zu diesem Stück und dem Mythos von Syrinx werden zahllose Geschichten verbreitet: Nymphen, Wiesen, tanzende Mädchen, Flüsse, Schilf, Pans Verlangen usw. Tatsächlich entstand die Komposition auf die Bitte Moureys an Debussy, „die letzte Melodie Pans vor seinem Tod" zu schreiben, und der Komponist bat darum, daß das Stück hinter der Bühne gespielt wird. Folgerichtig spielte Fleury es im Konzert hinter der Bühne. Wenn das nicht möglich war, verlangte er einen Paravent auf der Bühne und spielte dahinter.

Die folgende Passage, in der die Geschichte um Syrinx erzählt wird, fand sich in Moyses persönlichem Notizbuch mit philosophischen Anmerkungen, die er sein ganzes Leben über sammelte.[8] Es ist in Moyses Handschrift ohne irgendwelche Quellenangaben verfaßt und skizziert sicherlich den Mythos wie Moyse ihn verstand.

„Syrinx war, wie man wissen muß, im Altertum kein Instrument, sondern ein schönes Mädchen mit einer hübschen Stimme. Sie weidete ihre Ziegen, scherzte mit den Nymphen und sang „as the now does" (sic). Wie sie so ihre Herde weidete, sich ergötzte und sang, machte sich Pan an sie heran und versuchte, sie zu überreden, sich seinem Verlangen hinzugeben. Er versprach ihr, all ihre Ziegen würden Zwillinge gebären. Das Mädchen machte sich über seinen Aufzug lustig und sagte, daß sie niemals einen Liebhaber akzeptieren würde, der weder Bock noch Mensch sei. Pan schoß mit Pfeilen nach ihr, um ihr Gewalt anzutun, und Syrinx floh vor ihm und seiner Gewalttätigkeit. Als sie auf ihrer Flucht ermattete, versteckte sie sich im Schilf und ver-

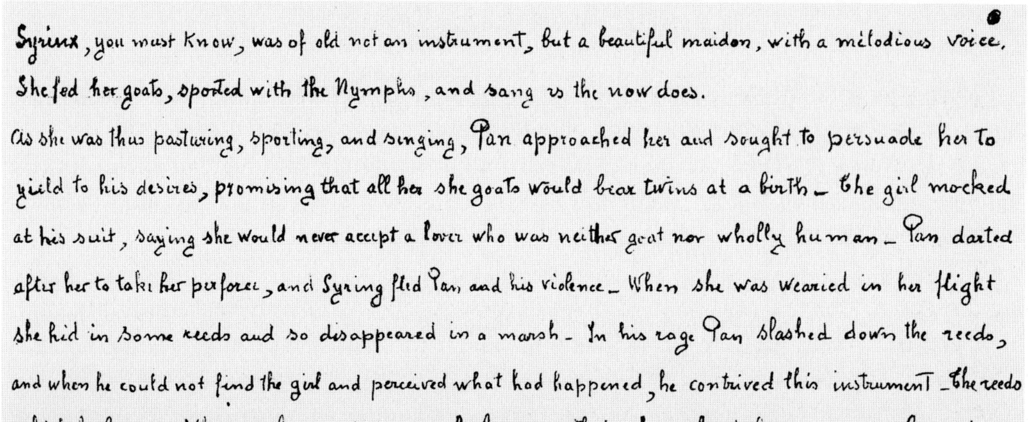

Syrinx, you must know, was of old not an instrument, but a beautiful maiden, with a melodious voice. She fed her goats, sported with the Nymphs, and sang is the now does.

As she was thus pasturing, sporting, and singing, Pan approached her and sought to persuade her to yield to his desires, promising that all her she goats would bear twins at a birth — the girl mocked at his suit, saying she would never accept a lover who was neither goat nor wholly human — Pan darted after her to take her perforce, and Syring fled Pan, and his violence — When she was wearied in her flight she hid in some reeds and so disappeared in a marsh — In his rage Pan slashed down the reeds, and when he could not find the girl and perceived what had happened, he contrived this instrument — the reeds which he bound with wax he made unequal, because their love had been unequal. and so she who was once a beautiful maiden is now a musical pipe".

Abb. 47 Die Geschichte um „Syrinx"; Auszug aus dem „philosophischen" Notizbuch von Moyse

sank im Sumpf. In seinem Zorn schlug Pan das Schilf nieder. Als er das Mädchen nicht finden konnte und begriff, was geschehen war, erfand er dieses Instrument. Die Schilfrohre, die er mit Wachs zusammenfügte, machte er ungleich lang, weil ihre Liebe unvergleichlich gewesen war. So ist, was einst ein schönes Mädchen war, heute eine Pfeife, auf der Musik gemacht wird."

Moyse nahm für sich in Anspruch, das Stück privat für Debussy gespielt zu haben, und es damit – wenn auch im etwas privateren Rahmen – uraufgeführt zu haben.

Nachdem Louis Fleury 1927 gestorben war, händigte seine Witwe das Manuskript dem Verleger Jobert aus, der es Moyse zur Einrichtung gab. Erst jetzt wurde der Untertitel „Syrinx" benutzt. Mit einiger Sicherheit gab es im Manuskript kleinere Unklarheiten, wie z.B. Bindebögen, und Moyse fügte einige Atemvorschläge hinzu. Der Verleger fragte, ob er „Herausgegeben von Marcel Moyse" darüber drucken könne. Moyse verneinte, weil er das Stück nicht herausgegeben, sondern nur einige Ungereimtheiten geklärt habe. Mehr nicht.

Man kann bezweifeln, ob Moyse das Stück vor seiner eigentlichen Uraufführung Debussy privat vorgespielt hat. Dennoch ist sich der Verfasser sicher, daß er es ihm irgendwann einmal vorgespielt hat, weil Moyse felsenfest darauf beharrte, Debussy habe es vorgezogen, daß das B nach der Pause ohne eine Atmung in die Wiederholung überging. Die Atmung ist in allen Ausgaben gedruckt, und man vermutet, sie stamme von Debussy; dem ist nicht so. Sie wurde von Moyse eingefügt.

Es scheint, als ob die originale Handschrift der Jobert-Ausgabe verloren ging. Eine handschriftliche Kopie befindet sich jedoch in Brüssel in Privatbesitz [9.] Ein Vergleich zwischen dem Original und der gedruckten Version deckt einige kleine Unterschiede auf – darunter das lange B nach der Pause, das in der Brüsseler Kopie eindeutig übergebunden ist. Die Moyse-'Ausgabe' beinhaltet lediglich die hinzugefügten Atemzeichen, die eher Moyses Atemprobleme widerspiegeln als die Absicht des Komponisten. Ein Beispiel dafür ist die Atemmarkierung in der Mitte der zweitaktigen Phrase am Anfang des zweiten Gedankens, „Rubato" bezeichnet. Auch sie wurde von Moyse hinzugefügt.

Versuche mit Flöten

„Eine Flöte mit eingebauter Klangqualität interessiert mich nicht." (Moyse)

Wie die meisten Spieler besaß Moyse während seiner langen Karriere viele Flöten. Eine seiner ersten war eine Lebret und dann eine Bonneville und eine Luis Lot.

Als der Verfasser 1965 das erste Mal mit ihm über Flöten- und Kopfstückbau sprach, bestätigte er, in seinen frühen Tagen mit Flöten, Flötenkopfstücken und Mundlochplatten experimentiert zu haben.

„1926 stellte er Versuche mit Kopfstücken, besonders mit solchen aus Holz, an. Er probierte verschiedene Arten von Mundlöchern – größere, kleinere – alles mögliche. Er versuchte aus allem, das Beste zu machen." (Rateau)

„Als ich 1938 bei ihm studierte, blies er auf einer Cuesnon; ein Instrument, das er für den Rest seines Lebens spielte. Er zeigte mir ein Rohr, aus dem er ein Kopfstück machen wollte. Er benutzte Ebenholzzylinder, die, über das Rohr geschoben, als Lippenplatte dienten. Er hatte ungefähr 50 bis 75 Kopfstücke hergestellt. Mit dem seiner Meinung nach besten ging er zu

Rudall & Carte nach London und fragte, ob sie den Kopf kopieren wollten. Er hätte dies niemandem in Paris gestattet." (Birkelund)

„Mein Vater wußte sehr wohl, daß eine Cuesnon nicht die beste Flöte der Welt war, aber er sagte immer: 'Eine Flöte mit eingebauter Klangqualität interessiert mich nicht – ich mache meinen eigenen Ton. Ich mag die Cuesnon, weil sie solide gebaut ist, ein leeres Faß, in daß ich hineintun kann, was ich will.'" (L. Moyse)

Moyses Ansicht könnte viele Flötisten überraschen, die einen Gutteil ihrer Zeit damit zubringen, eine Flöte zu suchen, die so viel wie möglich mit so wenig Aufwand wie möglich macht. Eine bedenkliche Einstellung.

Man hätte vermuten können, daß Moyse, als er 1949 in den Vereinigten Staaten ankam, zu einer der guten amerikanischen Flötenmarken, die es damals gab, wechseln würde, aber er blieb unbeeindruckt von diesen Instrumenten. *„Als wir im Januar 1950 mit dem Trio ein Konzert gaben, bot uns Madame Haynes – wie immer sehr nett und äußerst hilfreich – zwei neue Haynes-Flöten an. Wir spielten sie im Konzert, aber am nächsten Tag kam mein Vater zu seiner Cuesnon zurück." (L. Moyse)*

Moyses eigenes Üben

„Zwei Monate im Jahr gab es für ihn keine Flöte, mit Ausnahme der Lektionen, die er ausländischen Studenten gab, die ihm im Sommer nach St. Amour folgten. Ungefähr Mitte September begann er, sich wieder in Form zu bringen, indem er fünf bis sechs Stunden täglich spielte und sich dabei durch sein Repertoire arbeitete, das aus mehr als 100 auswendig beherrschten Stücken bestand." (L. Moyse)

Aus Neugier fragte der Verfasser ihn einmal: „Hast Du jemals vor einem Konzert getrunken?" „Niemals," antwortete er im Brustton der Überzeugung, „Ich trank nie vor einem Konzert." Dann sagte er augenzwinkernd: „Nur ein Glas Rotwein – nur um die Lippen aufzuwärmen!"

Moyse übte sein ganzes Leben lang. Das Flötenspiel war untrennbar mit ihm verbunden. Der Verfasser erinnert sich, wie Moyse in des Verfassers Haus in Canterbury übte. Er begann normalerweise, indem er ein bißchen in der tiefen Lage präludierte, ging nach ungefähr zehn Minuten in die Mittellage und erst später in die dritte Oktave. Er übte ganz konsequent so: Vorsichtiges Blasen in der tiefen Lage, und erst nach vielleicht einer halben Stunde klang es dann wie der große Moyse. Die Hingabe an das Üben dauerte bis zu seinem Lebensende.

„Von Kopenhagen aus brachen wir manchmal zu einer Fahrt an der Küste entlang auf. Eines Tages sagte er: 'Ich muß heute ein wenig früher zurück, weil ich 20 Minuten mehr zu üben habe.' 'Ist das wirklich notwendig?', fragte ich. Er überlegte einen Moment lang und sagte dann: 'Ja, aber vielleicht könnten wir, um auf die Zeit zu kommen, ein Duett zusammen spielen.' Wir kehrten zurück und spielten ein Kuhlau-Duett. Er war 80 Jahre alt." (Birkelund)

„Ich habe in meinem ganzen Leben niemand getroffen, bei dem so viel Energie, handwerkliches Rüstzeug und Begabung zusammenkamen, um jedem Problem in seinem Kern zu begegnen." (L. Moyse)

„Er veränderte die französische Schule ein wenig. Er gab ihr mehr Körper. Meiner Meinung nach war die französische Schule in ihren Anfängen ein wenig zu leicht, bei Moyse war sie das überhaupt nicht. Er wollte nicht den Eindruck vermitteln, Flötenspiel sei wie Vogelgezwitscher. Natürlich ist es das manchmal, aber manchmal muß man eben auch dramatisch spielen."
(Rampal)

Moyses fantastische Karriere neigte sich ihrem Ende zu. Er hatte alle Höhepunkte einer Musikerlaufbahn erreicht, und dennoch, sogar am Lebensende, wenn die meisten Flötisten ihr Kopfstück an den Nagel hängen, konnte er sich nicht von der Flöte trennen. Im Jahr vor seinem Tod, er war 93 Jahre alt, fragte ihn der Verfasser, als er auf seinem Tisch eine Flöte liegen sah, ob er denn noch immer übe.

„Natürlich übe ich," entgegnete er.

Neugierig fragte der Verfasser, was er denn übe.

„Ich übe ein A."

„Welches A?"

Er zuckte mit den Achseln und lächelte dann. „Das ist das Problem," entgegnete er. „Ich weiß nie im voraus, welche Oktave ansprechen wird!"

Fußnoten zu Kapitel 4

1. Marcel Moyse Recording, M–103: „Was über Marcel Moyse gesagt wird" von Aloys Moser, aus „La Suisse", Genf (Plattenhüllentext).

2. M. Chabrier ist nicht mit dem Komponisten verwandt. Louis Moyse berichtet: „M. Chabrier war ein großer Förderer meines Vaters. In der Zeit von 1916 bis 1919 war er unter professionellen Flötisten recht bekannt."

3. „In Memory of Marcel Moyse"; First Baptist Church, Brattleboro, Vermont, 3. Februar 1985; Biographische Skizze, verfaßt von Dominique Moyse, Seite 6.

4. E. M. Ginn/London war einer der bedeutendsten Hersteller von akustischen, handgemachten Grammophonen.

5. „Seine späteren Plattenaufnahmen von „Melodien und Übungen", die sich auf der Platte „The French Flute School at Home", MGF 1001, finden, entstanden bei ihm zuhause in Brattleboro mit einer guten Heimaufnahmeausrüstung und Louis Moyse als Toningenieur. Das Mastering und auch die Vervielfältigung wurden auf preiswerte Art und Weise gemacht." (Debost)

6. Dieselbe Geschichte wurde über Albert Vignols morgendliches Einspielen berichtet. Er spielte in der Mitte der 30er Jahre erste Trompete in der Société des Concerts.

7. Es gibt in dem Edu-Tainment Artikel noch einige andere Fehlinformationen, z.B. „...während des Krieges spielte Moyse in Straßburg...dann kehrte er nach Berlin zurück..." Moyse konnte Berlin während des Krieges nicht besuchen, und er hätte es nicht besucht.

8. Dieses Buch befindet sich jetzt im Besitz des Verfassers.

9. Ein Faksimiledruck ist bei Autographus Musicus, Ardalävagen 158, 12432 Bandhagen/ Schweden veröffentlicht.

Kapitel 5

Der Mensch

„Jedes Buch über Moyse müßte auch von seinem Zorn handeln. Ohne das wäre es nur ein Bruchstück seiner Persönlichkeit." *(Birkelund)*

Ein bäuerlicher, einfacher Charakter

Der erste Eindruck, den man von Moyse gewann, war, daß er recht klein war. Er trug einfache, eher zufällig ausgewählte und bequeme Kleidung. Er hätte ein französischer Landmann sein können, wie man sie heute in jeder französischen Stadt trifft. Was einem zuerst ins Auge stach, war die Intensität und das Tiefgründige in seinem Blick und danach sein Lächeln. Wenn man ihn dann näher kennenlernte, entfaltete sich die ganze Kraft seiner Persönlichkeit.

In Gesellschaft dominierte er nie die Szene. Er versuchte, im Hintergrund zu bleiben. Er liebte es, bei offiziellen Anlässen den Verlegenen zu spielen, besonders wenn er selbst der Anlaß der Zeremonie war, und er kehrte normalerweise, sehr zum Vergnügen der Umstehenden, den ungeschickten Bauern heraus. Er schien sich bei den meisten Menschen wohl zu fühlen und verhielt sich ruhig und natürlich. Dies fiel besonders dann auf, wenn ihm ein Student zum ersten Mal vorspielte.

Er besaß die Fähigkeit, ein Gefühl der Fürsorge vermitteln zu können, und er gab dabei nicht nur zum Schein vor, freundlich zu sein. Moyse hatte eine sehr natürliche Art, mit fast jedem umgehen zu können.

Studenten fühlten sich bei ihm wohl und entspannten sich schnell in der informellen Atmosphäre, die er schuf. Er hätte der Onkel oder Großvater eines jeden sein können – die Sorte Großvater, die jeder gerne hätte. Er konnte sich über alltägliche, einfache Dinge unterhalten. Dadurch wurde einem die Gesellschaft dieses einfachen Menschen lieb und teuer: Er war entspannt und freundlich, einfach jemand, den jeder kennen wollte.

Abb. 48 Das berühmte Lachen (Photo: T. Wye)

Frauen bewunderten ihn, und es kann kaum Zweifel geben, daß immer wieder Frauen in ihn verliebt waren. Wie hätten sie seinem lebhaften Wesen, seinem guten Aussehen, seinem Ruhm widerstehen können? Dennoch dementiert die Familie mit Nachdruck jede Vermutung, es habe in seinem Leben je eine andere Frau als Celine gegeben. Über die Jahre hat der Verfasser gegenteilige Gerüchte gehört (eine Tatsache, die auf fast jeden zuzutreffen scheint!). Trotz intensiver Nachforschungen konnte jedoch nie ein Hinweis, geschweige denn ein Beweis für solches Geschwätz gefunden werden.

La femme procède comme la puce, par sauts et par bonds, sans suite! Elle échappe par la hauteur ou la profondeur de ses premières idées, et comme on ne peut plus rien y comprendre, il n'y a que deux solutions: ou l'écraser, ou se laisser dévorer par elle!

Abb. 49 Ein Zitat Balzacs aus dem „philosophischen" Notizbuch

Übersetzung des Zitates: „Eine Frau ist wie ein Floh: sprunghaft und hüpfend, ohne Logik. Sie entschlüpft dir durch die Höhe oder Tiefe ihrer spontanen Gedanken, und dann, wenn man es nicht mehr begreifen kann, gibt es nur zwei Lösungen: den Floh zu erschlagen, oder von ihm gebissen zu werden." (Honoré de Balzac)

Obwohl er ein gebrochenes, mit französischen Ausdrücken – oder englischen Worten, die französisch ausgesprochen waren – gewürztes Englisch sprach, war er in der Lage, sich eindeutig auszudrücken. Mancher, der ihm nahestand, vermutet, er habe dieses „gebrochene"

Quatuor – Connaissez-vous cette torture de demeurer de longues minutes, immobile, à la merci de virtuoses implacables, les oreilles déchirées par les sonorités grinçantes d'instruments qui ont toujours l'air de jouer un quart de ton l'un au-dessus de l'autre? Vous savez comment la chose se passe: quatre messieurs en habit noir s'installent majestueusement devant des pupitres sur lesquels sont établies les parties d'une œuvre de maître, et après un silence solennel, commence un ensemble charivarique: le 1er violon geint un vibrato prolongé, inexorable, qui vous vrille le tympan d'un perpétuel molto expressivo d'une inquiétante intensité; le second, s'effaçant respectueusement devant son chef, le suit tant bien que mal, en tâchant de ne point troubler ses empêchements passionnés; l'alto larmoie, le violoncelle s'efforce en démanchements éperdus ou en ronflements sur la 4e corde qui vous font trépider de la tête aux pieds, et c'est un véritable sauve-qui peut musical jusqu'au moment où le bienheureux accord final, en permettant à vos bourreaux de reprendre haleine, indique en même temps au public l'endroit d'applaudir, ce qu'il fait d'autant meilleure grâce qu'il a plus souffert et moins compris. Nous croyons qu'il est peu de tourments plus cruellement raffinés que celui-là: les pianistes les plus redoutables parviennent à peine à en infliger d'aussi barbares à leurs patients. Paul Dukas. 1892

Abb.50 Auszüge aus dem „philosophischen" Notizbuch in Moyses Handschrift

Englisch absichtlich gepflegt, weil er es in seiner Muttersprache ähnlich machte. Vielleicht wollte er damit seinem Image, seiner Berühmtheit entgegenwirken und beweisen, daß er im Herzen immer noch ein einfacher Mensch geblieben war – eine Rolle, die er gerne spielte.

„Sein Französisch war unfehlbar intellektuell – weise, aber ziemlich geschraubt...Sehr häufig hänselten wir ihn innerhalb der Familie oder mit guten Freunden: 'Warum machst Du die Dinge so einfach und banal, wenn sie doch so verzwickt sein können...?'" (L. Moyse)

Er interessierte sich für Philosophie und füllte ein Buch mit Zitaten von Chateaubriand, Cocteau, Tallyrand, Bernard, Guitry, Balzac, Shakespeare, Oscar Wilde und vielen anderen, darunter auch vielen Komponisten.[1]

Ein wundervoller Tag – ein bezaubernder Mann

„Wir verbrachten 1946 einen wunderschönen Tag in St. Amour. Er sagte zu mir: 'Komm um sechs Uhr in der Frühe zu mir.' Ich ging hin, und Celine machte einen Kakao für uns und noch viele weitere. Wir wanderten von sechs Uhr bis drei Uhr nachmittags in den Bergen umher. Wir kamen an einem Bauernhof vorbei und trafen einen alten Schäfer, der uns ein Stück Weißbrot schenkte. Es schmeckte köstlich. 1946 war ich ein sehr magerer junger Mann, ich hatte in acht Wochen 17 Pfund Gewicht verloren. Es gab in Frankreich einfach nichts zu essen. Dennoch war es wunderschön, einfach in den Hügeln umherzuwandern. Nicht viel zu reden, nur zu laufen." (Birkelund)

Abb. 51 Marcel Moyse, 1947

Moyse schöpfte viel Kraft aus seiner Kindheit und Jugend. Wenn er Besançon besuchte, brannte er darauf, *„uns die Straßen, in denen er mit seinen Großeltern gewohnt hatte, den Laden, in dem Papa Angelloz Schuhe verkaufte, die Wälder, in denen er mit seiner Großmutter Holz gesammelt hatte, die Befestigungsanlagen um die Stadt herum – sie waren in seiner Kindheit immer noch in Gebrauch – die Strassenecken, an denen 'seine' Bande die andere Bande mit Ziegelsteinen angegriffen hatte, zu zeigen..." (L. Moyse)*

Es muß für seine Schüler nicht leicht gewesen sein, ihr Bild des berühmten, großen Marcel Moyse mit dem einfachen, natürlichen französischen Landmann zu vereinbaren, dessen Lächeln unvergeßlich war und dessen wundervolle Augen ihre

Probleme auf eine unschätzbar kostbare Art und Weise zu verstehen schienen. Diese Ehrfurcht klingt vielleicht nach Heldenverehrung, aber so schien er auf alle zu wirken. So war er tatsächlich.

Aus den frühen 20er Jahren gibt es ein Beispiel für Moyses Großzügigkeit. Paul Chassagnoux, der Enkel von Moyses Adoptivmutter, Madame Perretier, war in der Schule die Treppen hinuntergestürzt. Er blieb deswegen für mehr als zwei Jahre gelähmt. Er trug ein Gipskorsett, das vom Nacken bis kurz über die Knie reichte. Celine brachte viele Nächte damit zu, nach ihm zu schauen. Am Tage fütterte und wusch sie ihn und kümmerte sich um seine Hygiene.

Abb. 52 Moyse mit Louis, mit Paul Chassagnoux; Aufnahme durch Celine, 1922

Moyse gab sein ganzes Geld – er hatte sich sogar noch welches geliehen, um die Familie Chassagnoux bei den Kosten für das Sanatorium und die Spezialärzte zu unterstützen. Paul Chassagnoux starb 1988, seine Frau 1992, beide im Alter von 86 Jahren.

Vielleicht fragt man sich, ob er, wenn er nicht der berühmte Flötist gewesen wäre, dennoch ein so bemerkenswerter Mensch geworden wäre? Das muß man sicher bejahen. In den späten 60er Jahren besuchte der Bruder einer englischen Flötistin, die auf dem Kurs in Boswil/ Schweiz eingeschrieben war, die Klasse nur, um einen Eindruck von dem Mann zu bekommen, um den seine Schwester einen solchen Aufruhr machte. Er war kein Musiker, fand Moyse aber „absolut faszinierend" und war von seiner kraftvollen und zwingenden Persönlichkeit gefangen.

Ihn als temperamentvoll zu bezeichnen, wäre eine Untertreibung. Aber wie so häufig bei Menschen mit einer starken Persönlichkeit konnte er wirklich charmant sein. Die, die ihn kannten, tun sich schwer damit, ihn treffend mit Worten zu charakterisieren. Die Beschreibungen reichen von machiavellistisch über reizend bis hin zu aufrichtig. Er war sicher kapriziös und konnte je nach seiner Stimmung und den Umständen verschiedene Züge annehmen. Moyse schien jedoch immer eine körperlich starke und temperamentvolle Persönlichkeit zu sein. Diese Eigenschaften, vermischt mit vielen anderen Stimmungen, waren bestimmend für seinen Eindruck auf den Neuankömmling.

Aber allzu oft konnte er sich schrecklich verhalten.

Ein schwieriger Mensch

„Jawohl, ich bin zänkisch!" (Moyse)

Während eines Kurses in Canterbury wurde der Verfasser von einem professionellen Flötisten angerufen, der fragte, ob Moyse gerne Stücke für Flöte und Gesang unterrichten.wolle. Ein Opernsänger und ein Flötist wollten aus London kommen; sie hatten einige französische Werke für Flöte und Gesang vorbereitet und hofften, der Maître habe etwas dazu zu sagen. Nachdem ihm die Stücke genannt worden waren, sagte Moyse

Abb. 53 Moyse in einem Restaurant, 1983

zu. Die Planungen schritten fort, sowohl der Sänger, als auch der Flötist verpflichteten Aushilfen für den entsprechenden Abend und erschienen pflichtgemäß am Nachmittag des Kurses. Nachdem sie ihre Stücke sehr schön vorgetragen hatten, sagte Moyse: „Danke," weigerte sich aber, irgendeinen Kommentar abzugeben. Beide Künstler kehrten enttäuscht und verwirrt nach London zurück. Jede Kleinigkeit war vorher genau geprüft worden, einschließlich der Tatsache, daß man ein entsprechendes Repertoire ausgesucht hatte, und dennoch schien Moyse nicht interessiert zu sein. Später fragte der Verfasser, warum Moyse nichts zu ihrem Vortrag gesagt habe. Er antwortete: „Ich habe diese Stücke niemals zuvor gehört." Es blieb dem Verfasser überlassen, den beiden dies zu erklären...

„Er war die meiste Zeit über so wundervoll, daß wir ihm seine Fehler verziehen." (Bennet)

„Es ist nicht leicht, über die Persönlichkeit von Moyse zu schreiben. Ich verstehe, daß Du über seinen Zorn schreiben mußt, mache mir aber ein wenig Sorgen. Möglicherweise kann der Leser nicht verstehen, daß Moyse nicht böse auf die Menschen war, sondern nur auf ihre Ansichten. Er war ein sehr aufrichtiger Mensch. Aber jedes Buch über Moyse muß sich auch mit seinem Zorn beschäftigen. Ohne das wäre es nur ein Bruchstück seiner Persönlichkeit." (Birkelund)

Wer ihm näher stand, war immer ein wenig vorsichtig – nicht unbedingt ängstlich, aber eben vorsichtig. Besonders in seinen letzten Jahren konnte man nie sicher sein, aus welcher Richtung der Wind blies. Man konnte ihn schon verärgern, wenn man ein bestimmtes Thema nur ansprach. Besonders ihn nach einem Flötisten, den er nicht schätzte, zu fragen, konnte einen empfindlichen Nerv treffen. Allerdings hing seine Reaktion sehr von seiner momentanen Laune ab. Sollte der Leser den Eindruck bekommen haben, Moyse sei launisch gewesen – er war es nicht. Es war die Flöte und die Musik, die ihn erregten. Meistens, und zumindest in Gesellschaft, war er geduldig, freundlich, höflich und sehr hilfsbereit.

Wie bereits in Kapitel 1 erwähnt, konnte Moyse zornig werden, wenn man ihn zu bestimmten grundlegenden Problemen der Flötentechnik – insbesondere zum Vibrato – befragte. Andererseits liebte er es, den Aufbau der Musik, die Folge der Töne zu untersuchen und zu analysieren, um so mehr, wenn es dabei einen Bezug zur Lösung technischer Probleme gab. Man kann dies an seinen systematischen Heften mit Tonleitern und technischen Übungen erkennen. Er dachte gerne über das Zusammenwirken der Elemente in der Musik nach – weniger über das Wie, aber über das Warum.

Kurse: Seine schwierige Persönlichkeit

Als er noch jünger war, neigte er weniger zu plötzlichen Ausbrüchen, obwohl es sie auch damals schon gab.

„Ja, er konnte sehr ungeduldig sein. Ich erinnere mich an eine Klassenlektion am Conservatoire 1939, als sich ein Student nicht besonders gut vorbereitet hatte...Moyse hatte dafür überhaupt kein Verständnis. Wir mußten ein von ihm vorgegebenes Stück fehlerlos vorbereiten und es ihm mit derselben Perfektion und in derselben Art und Weise vorspielen – zum Bei-*spiel eine Etüde –, wie wir auch an ein Konzert herangehen würden. Wie auch immer, der junge Student hatte sich nicht gut vorbereitet, und Moyse wurde zornig. Er schlug heftig auf das Notenpult. Die Noten flogen umher. Es war unglaublich. Aber meistens verliefen die Stunden ruhig. Solche Ereignisse waren selten." (Prieur)*

Moyse scheute sich nicht, einem Studenten zu sagen: „Du wirst niemals Mozart spielen." Eine Aussage, die, besonders aus seinem Mund, sehr verletzend sein konnte. Eine freundlichere und dennoch richtige Interpretation könnte etwa so lauten: „Wenn Du weiter so überempfindlich spielst, wie Du es gerade tust, hast Du keine Chance, die Musik Mozarts besser zu verstehen"; eine bei vielen Musikern und Lehrern weitverbreitete Sichtweise.

Beim ersten Besuch Moyses in Canterbury lud der Verfasser, um den beiden „Schulen" englischen Flötenspiels gerecht zu werden, die Hauptvertreter dieser Richtungen zum Essen

Abb. 54 Der ernste Moyse

mit Moyse ein. Sowohl John Francis als auch Geoffrey Gilbert nahmen die Einladung an. Während des Essens kam John Francis immer wieder auf seine neue Flöte, die er extra mitgebracht hatte, zu sprechen. „Sie müssen sie sehen, Herr Moyse. Es ist ein ganz neues Instrument." Moyse antwortete: „Ich habe viele Flöten in meinem Leben gesehen..." „Ja, aber diese ist etwas Besonderes", beharrte John. „Ich habe auch schon viele besondere Flöten gesehen", sagte Moyse.

John wurde im Verlaufe des Essens nachdrücklicher und legte das Etui beim Kaffee wieder vor Moyse hin. Nachdem dieser die Pfeife in den Mund genommen hatte, versuchte er ungeschickt, das Etui zu öffnen – die Pfeifenasche flog ungehindert herum. Schließlich ging der Deckel auf. Moyse schaute kurz auf die Flöte, schlug den Deckel wieder zu und sagte: „Gelb!" Es war eine Goldflöte....

Der Abend verlief schwierig, und nachdem wir John und seine Frau zu ihrem Wagen begleitet hatten, öffnete der Verfasser beim Zurückgehen den Mund, um etwas zu sagen. Moyse legte schnell die Hand auf den Arm des Verfassers und sagte: „Es gibt nichts zu sagen. Versuche nicht, etwas zu erklären! Wir werden so tun, als hätte es diesen Abend nie gegeben."

Natürlich geschahen in Canterbury noch andere erwähnenswerte Dinge. Moyse beklagte sich nach den ersten Klassen beim Verfasser, daß niemand Fragen stelle. Der Verfasser bot an, am nächsten Tag Fragen zu stellen und Moyse antwortete: „Gut! Du fragst am besten etwas zur Artikulation. Das gibt mir Gelegenheit, darüber zu reden!"

Am nächsten Tag stellte der Verfasser während einer Lektion über eine der „24 Übungen" die vorbereitete und abgesprochene Frage. Moyse überlegte kurz und sagte dann: „Was für eine blöde Frage!" Er wollte keinen Witz machen und sagte nichts weiter zu dem Thema. Natürlich gab es danach keine Fragen mehr.

Manchmal stürmte er voller Zorn aus der Klasse oder der Übungsstunde, weil ein Student zu wenig Respekt oder kein Verständnis hatte. So etwas konnte auch bei Proben passieren, weil sowohl der Lehrer als auch der Student Künstler sind und ihre Persönlichkeit auf Emotionalität beruht. Es war eine gefährliche Mischung, und obwohl man davon ausgeht, daß der Lehrer nicht wütend werden sollte, passierte es trotzdem. Nachdem er aus dem Raum gestürmt war, rauchte er in Ruhe seine Pfeife, kehrte nach 10 Minuten zurück, und der Vorfall war vergessen.

„Es gibt nicht viele Menschen, deren Temperament jeder akzeptieren kann." (Birkelund)

Marlboro war für frühere Studenten von Moyse ein weiterer Hort glücklicher Erinnerungen, obwohl es, wie Boswil, nicht immer ein Bett voller Rosen war. Rudolph Serkin war der ‘Boß’, und wenn zwischen ihm und Moyse ein Problem entstand, wurde es durch die Vermittlung einer dritten Partei, gewöhnlich Blanche, gelöst. In den frühen 60er Jahren produzierte die Columbia eine Platte mit Aufführungen von Marlboro, darunter das Beethoven-Oktett und die Serenade von Dvořàk. Diese Aufführungen wurden von Marcel bzw. Louis Moyse geleitet (Columbia Masterworks MS 6116). Auf der Plattenhülle ist davon nichts zu finden! Auf der Frontseite gibt es keinerlei Anerkennung, aber auf der Rückseite findet man vier Photographien: zwei von Rudolf Serkin mit Alexander Schneider, eine von Marlboro und eine von Rudolf Serkins Briefkasten!

Dies führte zu einem Bruch zwischen Serkin und Moyse, und sowohl Louis als auch Marcel Moyse zogen sich von Marlboro 1966 zurück. Sicher gab es auch noch andere Streitigkeiten und Meinungsverschiedenheiten. Aber einige Jahre später bat Serkin Moyse, zurückzukehren – und Moyse ließ sich gerne bitten. Er kehrte zurück und nahm seinen Lehrauftrag in Marlboro wieder an.

Die meisten der Kollegen von Moyse im Orchester und in anderen Ensembles wissen angenehme Erinnerungen und freundliche Dinge über ihn zu sagen, obwohl sie im Umgang mit ihm immer etwas vorsichtig waren, weil er so viel Kraft besaß. Es liegt in der Natur der Sache, daß seine Vorstellungen in solchen Ensembles dominierten, außer es gab jemanden mit derselben oder einer noch stärkeren Persönlichkeit als Moyse selbst.

Schwierigkeiten im professionellen Umgang

1977 überredete Alain Marion das französische Radio, Mittel zur Verfügung zu stellen, damit Moyse nach fast 30 Jahren Abwesenheit Paris wieder besuchen konnte. Marion hatte Moyse im Jahr davor kurz getroffen. Er organisierte den Besuch voller Zuversicht, es wurde jedoch kein reines Vergnügen. Moyse war eingeladen, im Saal des Conservatoire vor sehr viel Publikum eine Meisterklasse zu halten. Er sprach über die großen französischen Flötisten,

Gaubert, Hennebains und natürlich Taffanel. Außerdem erzählte er von besonderen Aufführungen der großen Orchestersoli, die er in der Vergangenheit gehört hatte. Als er Robert Hériché im Publikum erblickte, rief er: „Ja, ich kenne Sie Monsieur Hériché; Sie spielten in dem Ballett „Namouna" ein schönes Flötensolo." Hériché stand voller Bewegung auf. „Meister, ich war drei Jahre lang ihr Schüler, und alles, was ich tat, tat ich aus Dankbarkeit für sie, meinen großen Lehrer." Moyse antwortete ärgerlich: „Sie waren nicht mein Schüler. Nein, ich erkenne sie nicht als meinen Schüler an, und ihre Notenausgaben sind …Mist!"

Alle waren verlegen, aber glücklicherweise hatte Monsieur Hériché, der etwas taub war, nicht verstanden, was Moyse gesagt hatte. Er dachte, es sei etwas Höfliches gewesen. Niemand verwirrte ihn durch eine Erklärung. Der Verfasser kann Moyses Verhalten nicht entschuldigen aber vielleicht eine Erklärung für seine Reaktion bieten: Moyse ertrug es nicht, seine liebsten Stücke 'revidiert' zu sehen. Tulous „13. Grand Solo"[3] war eines dieser Lieblingsstücke – was M.Hériché bei seiner Ausgabe unter anderem gemacht hatte, war, die großartige Trillerpassage am Ende des Stückes einfach herauszunehmen. Nach Meinung des Verfassers war dies eine schlimme Amputation des Stückes und ein vulgäres Vorgehen. Jeder, der diese Ausgabe kauft, nimmt natürlich an, daß der Komponist es so geschrieben hat.

Während des Aufenthaltes in Paris gab der Direktor des Conservatoire, Monsieur Gallois-Montbrun, einen offiziellen Empfang für Moyse in seiner Pariser Wohnung. Natürlich war jeder dem Anlaß angemessen gekleidet. Der Empfang war eine sehr förmliche und – wie berichtet wird – nicht sehr fröhliche Angelegenheit. Beim Gehen sagte Moyse vor einer großen Zahl von Gästen, die um ihn herum standen: „Warum war der Direktor angezogen, wie der Manager im dritten Stockwerk der Galeries Lafayette (ein Pariser Kaufhaus)?"

Oh Gott.

„Das ist etwas, was er in seinem ganzen Leben nicht lernte – glücklich mit sich selbst zu sein." (L. Moyse)

Die meisten Menschen akzeptieren, daß er eine rätselhafte Persönlichkeit besaß – daß wir ihn nie ganz verstehen können. Es auch nur zu versuchen, wäre ein Fehler. Die ihn liebten, nahmen ihn wie er war: unvernünftig, brillant, charmant, freundlich, flatterhaft, äußerst klug, sehr großzügig und absolut unvergeßlich.

Ein bekannter Flötist, ein früherer Schüler von René le Roy, in der Folge Herr X genannt (um vollständige Anonymität des Namens zu wahren, obwohl seine Identität bekannt genug ist), suchte in den frühen 70er Jahren eine Anstellung als Professor in einem europäischen Konservatorium oder einer Hochschule. Er bat um Unterstützung durch einflußreiche Musiker in Form von schriftlichen Empfehlungen. Herr X wandte sich an einen Flötisten und Freund von Moyse, Charles Dagnino, der ihm mitteilte, daß Moyse – obwohl nicht persönlich mit Herrn X bekannt – dennoch seine Aufnahmen kenne und ihm vielleicht behilflich sein könne. Auf Vorschlag von Dagnino schrieb Herr X direkt an Moyse, um ihn um Hilfe zu bitten. Moyse antwortete ihm mit einem fürchterlichen Brief. Schlimmer noch, er sandte Kopien dieses Briefes an sieben weitere bekannte Flötisten und Kollegen. Der Brief beinhaltete eine Art von Kommentaren, die seine Freunde kaum glauben konnten. Diese Vorgehensweise schadete seinem Ruf in Frankreich enorm. Die Geschichte zog weite Kreise, der Inhalt des Briefes wurde überall bekannt und diente nur dazu, seine Gegner in ihrer Meinung über Moyses bösen Charakter zu bestärken und seine Freunde zu bestürzen.

Man kann im nachhinein schlauer sein, aber zunächst war Herr X schlecht beraten und ein wenig verrückt. Moyse hätte niemals jemanden empfohlen, den er nicht persönlich kannte und dessen Aufnahmen er nicht schätzte. Das höchste, was der Brief von Herrn X verdient hätte, wäre gewesen, ihn überhaupt nicht zu beantworten. Bis eine vernünftige Erklärung möglich ist (was wahrscheinlich niemals der Fall sein wird), kann man vermuten, daß der frühere Lehrer von Herrn X, Rene le Roy, das eigentliche Ziel von Moyses Zorn war. Es wird behauptet, daß sich le Roy in früheren Zeiten einmal sehr unkollegial Moyse gegenüber verhalten haben soll. Wenn diese Behauptung der Wahrheit entspricht, hätte Moyse wohl allen Grund gehabt, böse zu sein – aber nicht auf Herrn X!

Als der Verfasser dem betagten André Jaunet schrieb und ihm mitteilte, daß er dabei sei, dieses Buch zu beginnen, antwortete Jaunet: *„Meine Glückwünsche zu dieser Aufgabe, aber es wird sehr schwierig werden. Ich warne Sie, weil Moyse seine Meinung so oft ändert...In meinem eigenen Buch schrieb ich einige Seiten über Moyse. Er wurde aber über einige Zeilen, die ich zu Rampal geschrieben hatte, böse, und wenn ich nicht alles, was ich über Moyse geschrieben hatte, geändert hätte, hätte er öffentlich erklärt, daß mein Buch 'ein Haufen Mist' ist!'"*

„Ist er am Ende seiner Tage ein glücklicher und erfüllter Mensch? Nein, ich denke, er ist verbittert. Das ist etwas, was er in seinem ganzen Leben nicht lernte – glücklich mit sich selbst zu sein. Er versucht es, weil er intelligent ist. Ich denke, er ist halsstarrig und verbittert. Schau, es gibt nicht nur einen Weg, Mozart oder Beethoven zu spielen, es gibt viele Möglichkeiten. Das konnte mein Vater nur schwer akzeptieren." (L. Moyse)

Hinweise auf Schwierigkeiten in seinen frühen Jahren tauchen im folgenden Brief von Gaubert, drei Jahre vor dessen Tod verfaßt, auf.

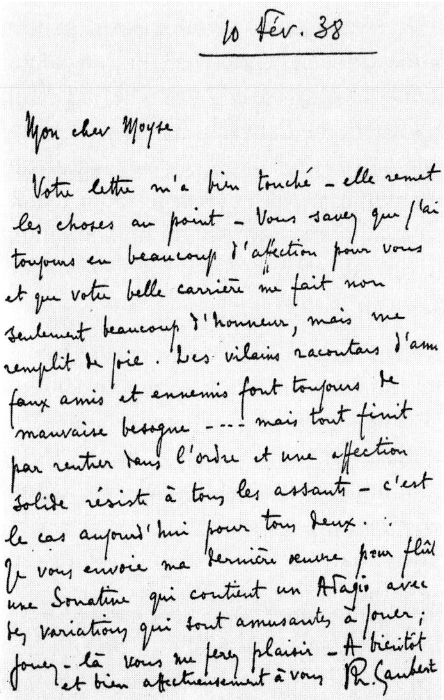

10 Fév. 38

Mon cher Moyse

Votre lettre m'a bien touché – elle remet les choses au point – Vous savez que j'ai toujours eu beaucoup d'affection pour vous et que votre belle carrière me fait non seulement beaucoup d'honneur, mais me remplit de joie. Les vilains racontars de faux amis et ennemis font toujours de mauvaise besogne – ... mais tout finit par rentrer dans l'ordre et une affection solide résiste à tous les assauts – c'est le cas aujourd'hui pour tous deux. Je vous envoie ma dernière oeuvre pour flûte une Sonatine qui contient un Adagio avec des variations qui sont amusantes à jouer; jouez-la vous me ferez plaisir – A bientôt et bien affectueusement à vous Ph. Gaubert

Abb. 55 Brief Phillipe Gauberts an Moyse, 1938

10. Februar 1938
Mein lieber Moyse,

Ihr Brief hat mich sehr gerührt. Er bringt die Dinge auf den Punkt. Sie wissen, daß ich Ihnen und Ihrer besonderen Karriere immer sehr wohlgesonnen war. Sie gereicht mir nicht nur zur Ehre, sondern erfüllt mich auch mit Freude.

Die bösen Geschichten von falschen Freunden und Feinden erzeugen immer Schwierigkeiten, aber alles fügt sich am Ende, und echte Zuneigung widersteht allen Angriffen. Das gilt heute auch für uns beide.

Ich schicke Ihnen mein letztes Werk für Flöte, eine Sonatine, die ein Adagio mit Variationen beinhaltet, die unterhaltsam zu spielen sind. Spielen Sie das Werk und Sie machen mir damit eine Freude

Auf bald.
Herzlichst Ihr

Ph.Gaubert

Versuch einer Erklärung

„Er war ein Mensch, dem ich nicht auf der falschen Seite stehend hätte begegnen wollen. Es gab schreckliche Momente, wenn er plötzlich zornig wurde. Sie waren allerdings kurz und selten. Er war die meiste Zeit über so wundervoll, daß wir ihm seine Fehler verziehen." (Bennet)

Um die Ausbrüche seiner Leidenschaftlichkeit zu verstehen, möge man sich einmal für einen Augenblick in seine Lage versetzen. Er galt als weltweit bedeutendster Flötist. Als Verfasser einer brillanten und einzigartigen Reihe von Übungsheften war er anerkanntermaßen derjenige, der – vielleicht neben Boehm und Quantz – weltweit den größten Einfluß auf das Flötenspiel in der Geschichte ausübte. Moyse hatte Tausende von Spielern sowohl privat, als auch in Meisterkursen unterrichtet und konnte für sich in Anspruch nehmen, mehr als 80 seiner Studenten zu Preisträgern bei internationalen Wettbewerben gemacht zu haben.

Ungeachtet all seiner Bemühungen und seiner harten Arbeit, durch seinen Unterricht die Grundregeln der Musik und der flötistischen Phrasierungskunst zu erklären, sah er sich doch immer wieder genötigt, den fortgeschrittenen und reifen Spielern in seinen Kursen die elementarsten Grundlagen des Musizierens zu vermitteln. Selbst diese sogenannten fortgeschrittenen Spieler hatten bis jetzt noch nicht entdeckt, wo die erste Zählzeit im Takt ist!

Zum Nutzen seiner Studenten hatte er einige der einfachsten, gleichwohl musikalisch aufschlußreichsten und intelligentesten Übungen, die jemals für die Flöte geschrieben wurden, komponiert: Die 24 und die 25 „Melodischen Übungen".

Was noch schlimmer war, es gab Schüler seiner ehemaligen Studenten, die die Grundregeln des Musizierens, wie er sie verstand und wie sie in seinen Heften dargelegt wurden, nicht beherrschten. Jeder Lehrer weiß, daß ständiges Wiederholen zu seinem Beruf gehört. Auch Moyse war sich dessen bewußt, aber er glaubte in den letzten 20 Jahren seiner Unterrichtstätigkeit, keine Fortschritte mehr in seinem ständig wiederholten Ziel zu erreichen: Der Flöte die öffentliche Anerkennung zu verschaffen, die dem Gesang, dem Klavier oder der Geige zuteil wird. Für Moyse war das keine Frage und schien in der Natur der Sache zu liegen. Er war erstaunt und frustriert darüber, daß er nicht jeden von seiner Denkweise überzeugen konnte. Er muß sich häufig gewundert haben, warum ihn manche nicht verstanden. Der Verfasser erinnert sich an einen häufigen Ausspruch von ihm: *„Ich bin mir nicht sicher, ob ich recht habe, aber ich weiß, daß Sie Unrecht haben."*

Man kann sich seine Enttäuschung nur ungefähr vorstellen, wenn er immer wieder gezwungen war, die für ihn absolut selbstverständlichen musikalischen Grundregeln zu wiederholen. Damit verbunden ist die seinem enormen Einfluß keineswegs widerstrebende Ironie des Schicksals, daß auch heute diese Regeln noch immer nicht fester Bestandteil des Flötenspiels und -lehrens geworden sind. Moyse konnte im Herbst seines Lebens nur wenig Beweise für den umfassenden Einfluß seiner Unterrichtstätigkeit finden, den er sich zum Lebensziel gesetzt hatte.

„Er war ein so unglaublich temperamentvoller Mensch, und meiner Meinung nach mißverstanden die Leute das. Moyse liebte die Musik und die Menschen, und wenn er eine Person mochte, konnte er zornig zu ihr sein, ohne irgendetwas zu zerstören – zumindest war das für ihn so. Es gibt nicht viele Menschen, deren Temperament jeder akzeptieren kann." (Birkelund)

Abb. 56 Moyse während des ersten Kurses, St. Augustine's College, Canterbury, 1969

Gegen Ende seines Lebens wurden die Wutausbrüche häufiger und sicher auch verbitterter.

„Um Moyses Anfälle von Bösartigkeit wird viel Aufhebens gemacht. Es ist der Eifer von jemand, der in eine Zeitkapsel gesteckt wurde, um in einer Epoche aufzutauchen, in der ihn niemand versteht. Moyse glaubt an bestimmte unumstößliche Prinzipien der Musik – Prinzipien, denen Synkopen, Vorhalte und anderes unterliegen....Er ist bestürzt darüber, wie wenige Menschen heutzutage diese Prinzipien verstehen oder beachten. Besonders für neue Studenten ist es gefährlich, zu ihm zu gehen und ihm virtuose Stücke vorzuspielen ohne dieses grundlegende Verständnis der Regeln. Er nennt es 'Selbstdarstellung' und fuchtelt zornig mit den Armen herum oder kehrt einem voller Mißachtung den Rücken zu und raucht zehn Minuten lang still seine Pfeife. Wenn jedoch ein Student mit den Andersen Etüden- oder einer Melodie aus dem 'Tone Development Heft' oder einer der '24 kleinen melodischen Übungen' kommt, kann er unglaublich geduldig sein." (Bogorad)

Die Bedeutung der Tradition

„Ich möchte den Flötisten eine Tradition hinterlassen – die Achtung vor der Musik." (Moyse)

Moyse sagte gegen Ende seines Lebens oft: *„Wer wird nach mir alles fortführen? Wer wird die Tradition von Tulou, Dorus, Altès, Taffanel, Gaubert und Hennebains fortsetzen?"* Die Antwort darauf muß sicher lauten: Moyse selbst setzte diese Tradition nicht einfach fort. Er schuf für seine Schüler eine eigene Art zu unterrichten und zu spielen. Er eröffnete eine ganz neue Welt, und er machte sie dafür empfänglich. Moyse war in der Lage, ihre Vorstellungskraft dafür zu entwickeln, was auf dem Instrument, das er 'die schwache Königin' nannte, möglich war.

„Die meisten der schlimmen Geschichten, die man über Moyse hören kann, resultieren aus seiner Aufrichtigkeit gegenüber der Musik." (Birkelund)

Abb. 57 Zeichnung von Moyse: Hennebains nach einer „Faust"-Vorstellung, 1908

Die Botschaft für jeden, der bei ihm studieren wollte, war eindeutig: Wie kann jemand Mozart, Bach oder irgendein Musikstück spielen, ohne die Grundregeln des Rhythmus, der Phrasierung und des Musizierens verstanden zu haben? Einige der schönsten Lektionen, die Moyse gab, fanden mit Studenten statt, die nicht besonders begabt waren, aber auf ihre Weise versuchten, etwas mitzunehmen. Für die Klasse waren es wunderbare Beispiele für unser eigenes Unterrichten – Demonstrationen bemerkenswerter Geduld und Freundlichkeit.

Moyse sah sich in der Reihe der Lehrer, die über Taffanel, Altès und Dorus bis zu Tulou zurückreicht, und er wußte, daß er es diesen großen französischen Flötisten schuldig war, die Tradition fortzusetzen. Besonders Taffanel gegenüber fühlte er sich verpflichtet. Es gibt Äußerungen aus seinem Mund, die das belegen.

Gleichwohl war Moyse nach Meinung des Verfassers der Vergangenheit bemerkenswert wenig schuldig. Er hatte seinen ungeheuren Erfolg der eigenen Intelligenz, Neugier und Berufung zu verdanken, ganz zu schweigen von seinen musikalischen Talenten. Vielleicht war ihm dieser Erfolg selbst ein Rätsel, und er konnte ihn nur dadurch erklären, daß er seinen Lehrern die Anerkennung dafür zukommen ließ.

Der folgende Brief von Philippe Gaubert an Moyse belegt ihre herzliche Freundschaft und spiegelt Gauberts Ansichten zu öffentlicher Anerkennung bzw. öffentlicher Selbstdarstellung im Paris der späten 30er Jahre wieder.

Mein lieber Moyse,

Ihr Brief berührt mich unendlich tief. Ich habe nie an Ihrer Zuneigung und Ergebenheit gezweifelt. Sie waren mein Schüler, vielmehr noch mein Freund, als Sie bereits ein Künstler waren. Seit Sie ein großer Künstler wurden, bin ich stolz, wie es unser Meister Taffanel gewesen wäre.

ACADÉMIE NATIONALE
DE MUSIQUE ET DE DANSE

Paris, le 193

Mon cher Moyse

Votre lettre me touche infiniment ; je n'ai jamais douté de votre affection et de votre attachement. Vous avez été mon élève, mon ami plutôt, alors que vous étiez déjà un artiste – depuis vous êtes devenu un grand artiste – j'en suis fier, comme notre maître Taffanel le serait –

Pourquoi me parlez-vous de ma « modestie » ? Est-elle si grande ? un artiste n'est jamais trop modeste lorsqu'il veut s'élever et qu'il regarde au-dessus de lui – – – et l'on peut toujours regarder au-dessus de soi !

Beethoven se trouvait un petit garçon auprès de Bach ! Et Dieu sait quel homme il était ! Vous voulez probablement

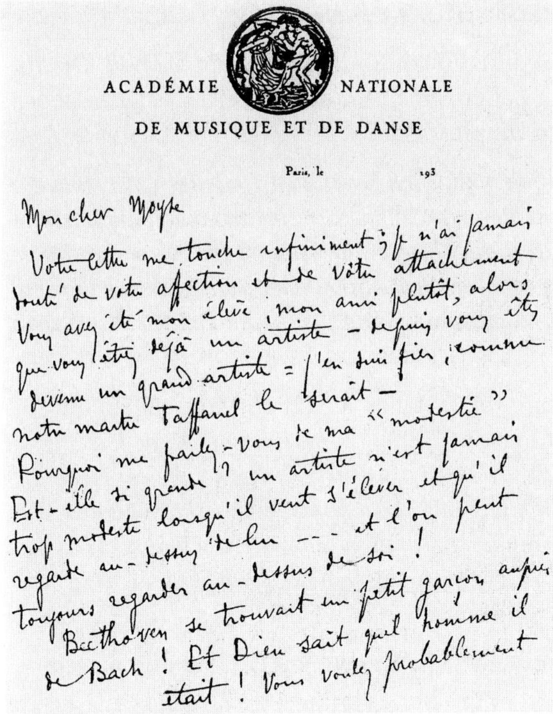

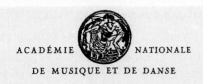

Abb. 58a Brief Phillipe Gauberts an Moyse, 30er Jahre, erste Seite

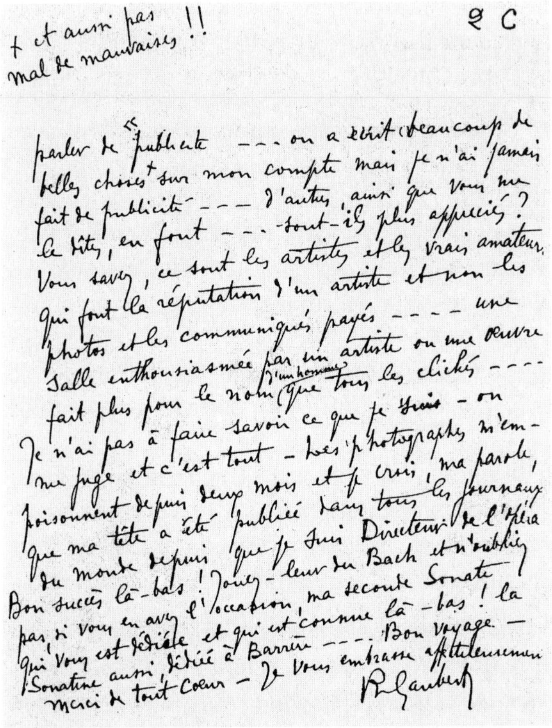
2 C

+ et aussi pas mal de mauvaises !!

parler de « publicité » – – – on a écrit beaucoup de belles choses+ sur mon compte mais je n'ai jamais fait de publicité – – – d'autres, ainsi que vous me le dites, en font – – – sont-ils plus appréciés ? Vous savez, ce sont les artistes et les vrais amateurs qui font la réputation d'un artiste et non les photos et les communiqués payés – – – une salle enthousiasmée par un artiste ou une œuvre fait plus pour le nom d'un homme que tous les clichés – – –

Je n'ai pas à faire savoir ce que je suis – on me juge et c'est tout – Les photographes m'empoisonnent depuis deux mois et je crois, ma parole, que ma tête a été publiée dans tous les journaux du monde depuis que je suis Directeur de l'Opéra

Bon succès là-bas ! Jouez-leur du Bach et n'oubliez pas, si vous en avez l'occasion, ma seconde Sonate qui vous est dédiée et qui est connue là-bas ! la Sonatine aussi, dédiée à Barrère – – – Bon voyage – Merci de tout cœur – Je vous embrasse affectueusement

Ph Gaubert

Abb. 58b Brief von Gaubert an Moyse, der die herzliche Beziehung zwischen beiden belegt

Warum sprechen Sie von Bescheidenheit? Ist sie etwas Besonderes? Ein Künstler kann niemals zu bescheiden sein, wenn er sich entwickeln will und nach oben schauen möchte; und man kann sich immer nach oben orientieren. Beethoven hielt sich für gering im Vergleich zu Bach. Gott weiß, was für ein Mensch er wurde! Sie möchten wahrscheinlich über 'Publicity' sprechen. Über mich wurden viele schöne Dinge geschrieben und auch eine Menge Schlechtes, aber ich habe mich nie um 'Publicity' bemüht. Andere sagen: „Kümmere Dich darum!" Werden sie deswegen mehr geschätzt? Wissen Sie, was den wahren Künstler ausmacht, ist der Künstler selbst und die wirklichen Musikliebhaber und nicht die Fotos und öffentliche Werbekampagnen. Ein Konzertsaal, der durch einen Künstler oder ein Werk in Aufregung versetzt wird, leistet mehr für den Ruf eines Menschen als alle Fotos.

Ich brauche für das, was ich bin, keine Werbung zu machen. Ich werde beurteilt, das ist alles. Die Photographen haben mich die letzten zwei Monate belästigt, und ich glaube, daß mein Gesicht in allen Zeitungen der ganzen Welt veröffentlicht wurde, seit ich Direktor der Oper geworden bin.

Die besten Wünsche nach drüben USA! Spielen Sie dort etwas Bach und vergessen Sie, wenn es eine Gelegenheit gibt, nicht meine zweite Sonate, die ja Ihnen gewidmet ist und drüben bekannt ist! – Ebenso die Sonatine, die Barrère gewidmet ist.

Gute Reise. Aus tiefstem Herzen Danke.

Voller Zuneigung,

Gaubert

„Ich übertreibe. Taffanel tat das nie – er übertrieb nie, um etwas klarzustellen." (Moyse).

Moyse nahm sich offensichtlich – zumindest teilweise – Taffanel zum Vorbild. Die folgende, von Moyse erzählte Geschichte mag helfen, einen Eindruck von Taffanel zu geben, der eine ganz andere Seite seines Charakters zeigt.

„Taffanel begann seine Lektionen immer mit melodisch gespielten Tonleitern. An eben diesem Montagmorgen hatte ein neuer Schüler seine erste Stunde. Er spielte eine Tonleiter ziemlich schlecht. Taffanel fragte: 'Spielst Du alle Tonleitern?' 'Ja, jeden Tag,' sagte der Junge. Taffanel erwiderte: 'In Ordnung, laß uns den ganzen Rest hören.' Der Junge konnte es nicht. 'Bis zum nächsten Montag lernst Du alle Tonleitern, oder Du hast heute Deine letzte Stunde gehabt,' sagte Taffanel."

Trotz seiner offenkundigen Bewunderung für Taffanel verschloß Moyse nicht die Augen vor der anderen, schwierigen Seite der Person Taffanel. *„Als Taffanel Kapellmeister an der Oper war, nutzte er indirekt seinen Einfluß, um einen Musiker aus dem Orchester zu entlassen. Der Unglückliche wandte sich in der Hoffnung auf Verständnis, eine Erklärung und Wiedereinstellung an Taffanel. Aber Taffanel war in dieser Situation schwach, log und sagte zu dem Musiker, er selbst sei von der Entlassung überrascht gewesen. Ihm selbst täte es leid, er sei aber in die Entscheidung nicht einbezogen worden und könne deshalb nicht helfen." (L. Moyse).*

Louis erinnert sich, daß sein Vater diese Geschichte häufig erzählt hat und fügt hinzu:

„Mein Vater war selbst am unglücklichsten über diese Geschichte. Vielleicht ist es aber manchmal notwendig, unsere Götter wieder auf eine menschliche Stufe zurückzuholen."

Sein Sinn für Humor

Moyse war immer von den japanischen Studenten fasziniert und amüsiert: Von ihrer Foto-, Video- und Bandaufnahmeausrüstung, möglicherweise aber auch von ihrem beständigen Nicken, selbst wenn sie nicht verstanden hatten, was er gesagt hatte! In Boswil heckte er einmal vor einem Kurs mit dem Verfasser aus, „gobbledygook", eine Folge von Kehllauten, begleitet von ausdrucksvollen Gesten, zu sprechen. In der nächsten Klasse stellte der Verfasser eine Frage in „gobbledygook", auf die Moyse einigermaßen ausführlich ebenfalls in „gobbledygook" antwortete.

Am Beginn dieser Konversation blieben die japanischen Studenten – es waren über 60 anwesend – noch ruhig. Im weiteren Verlauf begannen sie zu flüstern und rätselten, welche Sprache dies wohl sein könnte.

Jemand muß es sich gemerkt haben, denn einige Tage danach sprach ein japanischer Professor mit dem Verfasser in einer Sprache, die unverständlich war. Der Verfasser fragte nach, was er gesagt habe. Plötzlich brüllten alle 60 japanischen Studenten vor Lachen. Ihre Ehre war wieder hergestellt. Moyse war sehr amüsiert und liebte diesen geplanten Witz.

„Moyse war von Natur aus ein Schelm. Er wußte einfach, wie man mit Kindern umgeht, und für uns schien er selbst ein Kind zu sein. Er führte Kunststücke vor und zeigte uns alle möglichen lustigen Sachen. Er konnte seinen Augapfel nach innen drehen, so daß er vollständig weiß und grotesk aussah. Er erschreckte uns häufig mit solchen Sachen." (Serkin)

Celines Einfluß auf Moyse

„Flötisten, die sich dafür interessieren, was ich geleistet habe, schulden ihr eine Menge." (Moyse)

Celine war bei den Klassen immer anwesend. Ob Moyses Karriere genauso verlaufen wäre, wenn er sie nicht geheiratet hätte, sei dahingestellt. Jeder, der sie kannte, spricht von ihr mit Liebe, Wärme und Achtung. Sich ihres Einflusses immer bewußt, schrieb Moyse:

„Laßt es mich noch einmal sagen...Madame Moyse hat sich Tag und Nacht aufgeopfert, immer darauf bedacht, die schwierigen Augenblicke zu lindern, immer lächelnd."

„Ich sah sie häufig, wenn ich zur Stunde kam – sie war immer da, kochte und war mit diesen Dingen beschäftigt. Sie war eine fantastische Person." (Birkelund)

In Anwesenheit von Moyse konnte man ihre Gegenwart leicht vergessen, aber plötzlich, vielleicht wegen irgendetwas aufhorchend, das er gerade von sich gegeben hatte, schmatzte sie ein wenig und klickte mit den Zähnen ohne auch nur aufzuschauen. Das sagte mehr als Worte.

Auch ihr Sinn für Humor war bekannt. Jeden Abend spielte sie in Canterbury das 'Aperitifspiel'. „Nur ein wenig Whisky, nicht zu viel! Und nun sehr viel Wasser, bitte." (Einige Tropfen Wasser wurden hinzugegeben.) „Halt, halt! Zu viel Wasser!"

Normalerweise begannen Celine und Marcel Moyse den Tag mit einem gemeinsamen Frühstück auf ihrem Zimmer. Danach unterhielten sie sich über Zukunftspläne, häusliche Angelegenheiten, Geschäftliches usw.

Abb. 59 Moyse spielt während eines Kurses in Boswil vor; man beachte den verschobenen Ansatz!

Eines Tages war dieses Gespräch im oberen Stockwerk besonders hitzig und konnte im ganzen Haus verfolgt werden. Nach einer halben Stunde kam Celine herunter, und der Verfasser sagte: „Monsieur Moyse scheint heute aufgeregt zu sein." „Schon möglich," entgegnete sie mit einem Achselzucken, „aber ich habe kein Wort von dem, was er gesagt hat, gehört – ich habe mein Hörgerät ausgeschaltet!"

„Am Ende des Krieges lebten wir in St. Amour. Wir organisierten eine Kuh, um Milch für meine zwei Söhne und meine Tochter zu haben. Jeden Morgen führte meine Mutter die Kuh auf das Feld neben dem Bahnhof. Es wurde damals immer noch zwischen den Deutschen und der Résistance gekämpft. Um vier Uhr nachmittags hörten wir Maschinengewehrfeuer. Meine Mutter sagte: 'Oh, meine Kuh!' 'Mama,' sagten wir, 'bitte, sie kämpfen einen Kilometer entfernt. Niemand interessiert sich für die Kuh.' 'Mein kleiner Junge braucht die Milch,' sagte sie, ging hinaus und kehrte 15 Minuten später mit der Kuh zurück." (L. Moyse)

Moyses ganzes geschäftiges Leben über war Celine hinter den Kulissen: Sie organisierte, sorgte für Unterhaltung und unterstützte ihn. Sie war äußerst wichtig, weil sie Moyse

Abb. 60 Die Kirche von St. Amour
(Photo: T. Wye)

erlaubte, über nicht viel mehr als das Flötenspiel nach denken zu müssen. Wenn es sie nicht gegeben hätte, wäre sein Erfindungsreichtum im Spielen, Lehren und Schreiben sicher weniger groß gewesen.

„In dieser Zeitspanne ist die Allgegenwart von Madame Moyse eine feste Größe. 61 Jahre lang nährte sie meine Begeisterung, sie verstand, sie ermutigte mich, den Weg, der mir so viel Freude bereitete, weiterzugehen. Oh ja, Flötisten, die sich dafür interessieren, was ich geleistet habe, schulden ihr eine Menge, weil das, was ich tat, nur ein Ziel hatte: Unser Leben in jedem Sinn des Wortes zu verbessern." (Brief von Moyse)

„Sie war eine sehr einfache Frau mit einem wunderbaren Herzen. Als sie heirateten, war sie klein und sehr schön. Mein Vater mußte damals um sie kämpfen, denn der Komponist Massenet war ebenfalls in sie verliebt. Jedesmal, wenn er zu Orchesterproben kam Celine war in der Ballettkompanie, brachte er ihr Pralinen mit. Auch Vanni Marcoux, der Sänger, war sehr in meine Mutter verliebt. Eine andere Frau mit einem anderen Charakter hätte das Leben ihres Mannes nicht geduldet. Meine Mutter war intelligent – nicht durch ihre Erziehung – aber alles war durch ihren unverfälschten Instinkt bestimmt." (L. Moyse)

„1969 fuhr ich Moyse und Celine von Boswil nach Kopenhagen. Celines größter Wunsch war, das Beethovenhaus in Bonn zu besichtigen. Ich werde ihr Gesicht beim Anblick des Hauses niemals vergessen. Sie stand einfach nur da, die Hände gefaltet, unter Tränen. Sie erwähnte diesen Besuch danach in jedem Brief." (Birkelund)

„Bei Diskussionen über die Zukunft hatte mein Vater immer einen Dickschädel. Am Ende war sie müde und des Streites überdrüssig, aber er mußte immer Recht behalten. Er besaß eine Bauernschläue und einen gewissen Machiavellismus, in dem er sich drehte und wendete, bis er seinen Kopf durchgesetzt hatte – er war darin Meister. Es war unglaublich, wie er sich winden konnte, selbst, wenn er im Unrecht war. Der letzte Ausweg,

Abb. 61 Moyse und Celine, Lausanne, 1962

doch noch Recht zu behalten, war, alles so weit zu verdrehen, daß er schließlich sagte: 'Siehst Du, ich habe Dir gleich gesagt, daß Du im Unrecht bist.'" (L. Moyse)

Dieser Charakterzug ist nur ein Teil des Puzzles. Zu behaupten, er sei Celine vollständig ergeben gewesen, wäre keine Übertreibung. Bei den Kursen tauchte sie gegen Abend auf, setzte sich etwas abseits und strickte. Manchmal machte er einen etwas gewagten Witz oder wandte sich an sie und schaute sich um, ob sie es gehört hatte. Ihre deutlichste Reaktion bestand darin, aufzublicken. Aber unvermeidlich schürzte sie die Lippen und klickte ohne etwas zu sagen mit den Zähnen.

Eine ihrer Freuden bestand darin, gekochte Krebse zu essen. Sie war glücklich, lange am Eßtisch zu sitzen, zu versuchen, aus jeder Schere das letzte bißchen Fleisch herauszulösen – und wenn das nicht möglich war, die Scheren auszusaugen. Als sie 1971 starb, war Moyse ein gebrochener Mensch. Er sagte seinen Juli-Kurs in Canterbury ab, kam allerdings seinen Verpflichtungen im August in Boswil nach, wo er häufig in Tränen ausbrach. Es war für ihn und für alle, die ihn gerne getröstet hätten, eine sehr traurige Zeit. Er sagte allen im Kurs, er habe nun nur den einen Wunsch, ihr zu folgen.

In seinen letzten Jahren hatte er seine Trauer scheinbar unter Kontrolle, obwohl ihn die Rührung häufig übermannte, wenn ihr Name erwähnt wurde.

Abb. 62 Celine

Vater und Sohn

„Wenn er nur gesagt hätte: 'Louis, das war schön,' oder etwas in der Art – gut! Aber er konnte es einfach nicht." (L. Moyse)

Louis war ebenfalls sehr begabt: Ein guter Pianist, Komponist und Flötist. Als Louis jung war, behandelte Moyse ihn hart und forderte viel von ihm. Es wurde jeden Tag von ihm verlangt, eine ganze Menge Flöte, Klavier und Theorie zu üben. Louis trat ins Conservatoire ein, um bei Philippe Gaubert zu studieren und mußte erleben, wie sein Vater nach einem Jahr die Nachfolge von Gaubert antrat. Und wieder war er Schüler seines eigenen Vaters.

„Ich war sehr nervös, aber er noch mehr!" (L. Moyse)

Unter einem so berühmten Vater hatte Louis es schwer, seinen eigenen Lebensweg und seine eigene Art des Flötenspiels zu finden. Wie häufig bei Söhnen und Töchtern berühmter Musiker, die das gleiche Instrument wählen, mußte er ständig um seine eigene Persönlichkeit kämpfen. In den Jahren seiner musikalischen Entwicklung spielte Louis oft im Orchester, normalerweise zusammen mit seinem Vater. Bei diesen Gelegenheiten machte er unschätzbare Erfahrungen, die ihm später im Busch-Kammerorchester und bei der Aufnahme des 4. Brandenburgischen Konzertes zusammen mit seinem Vater zugute kommen sollten.

Als Louis 20 Jahre alt war, spielte er zum ersten Mal als Solist mit einem Orchester in der Schweiz. Am nächsten Tag schrieb der Kritiker in der Zeitung: „Wie gewohnt spielte Marcel Moyse wundervoll."

Moyse ging nicht sehr großzügig mit Lob für Louis um.

„Wissen Sie, es ist schon seltsam, aber ich wurde mit Rosen überhäuft für mein Klavierspiel und meine Kompositionen, aber es gab kein einziges Wort über mein Flötenspiel. Es war etwas, was mein Vater einfach nicht über die Lippen brachte. Wenn er nur gesagt hätte, 'Louis, das war schön,' oder etwas in der Art – gut! Aber er konnte es einfach nicht." (L. Moyse)

Das muß den Leser besonders traurig stimmen.

Das Zerwürfnis in der Familie

Als Louis Blanche heiratete, war die Familie Moyse und das Trio Moyse wirtschaftlich abgesichert. Louis hatte schmerzlich mit der Fehleinschätzung zu kämpfen, die Moyse der Familie gegenüber hatte.

„Deine Familie, deine Frau und deine Kinder zu lieben, ist schön, aber du solltest sie gehen lassen, wenn sie 20 Jahre alt sind. Ihm gelang das bei mir nie. Damals war ich froh, daß er mich nicht gehen ließ, aber später erkannte ich, daß es besser gewesen wäre, er hätte es getan." (L. Moyse)

Viel später, als Louis und Blanche geschieden waren, enstand ein starker Bruch in der Familie. *„Obwohl ich von Blanche geschieden wurde, löste ich mich gleichzeitig von meinem Vater. Die Beziehung war zu stark. Er war sehr böse, weil ich ich selbst wurde, und das konnte er nicht ertragen. Ich sagte zu ihm: 'Es tut mir leid; ich bin 60 Jahre alt und kann nicht mehr dein kleiner Junge sein.' Das war schlimm, weil man sich als Mensch immer schuldig fühlt, und als Sohn liebt man seinen Vater. Was er aber durch sein Machtgehabe in unsere Beziehung einbrachte, konnte ich nicht mehr dulden. Ich mußte mit ihm brechen."* (L. Moyse)

Von da an konnte man mit Moyse nicht über Louis reden, ja er erwähnte seinen Namen einige Jahre lang nicht einmal mehr. Trotzdem kam es in seinen letzten Jahren vor, daß er ein Schallplatte auflegte und mit offensichtlichem Stolz sagte: „Das ist mein Sohn Louis", besonders wenn es sich um eine Komposition von Louis handelte.

„Als ich 1979 in St. Amour war, sagte mir Jean-Pierre Rampal, er habe mit Moyse über Louis gesprochen. Rampal war der Meinung, man könne nun wieder über Louis sprechen. Deshalb fragte ich Moyse beim Essen: 'Habe ich das richtig verstanden, es geht nun wieder gut mit Louis?' Moyse antwortete: 'Das ist nicht dein Ernst?'" (Birkelund)

Moyse hatte in den 70er und 80er Jahren oft gesundheitliche Probleme, und Louis wurde während eines Krankenhausaufenthaltes seines Vaters mitgeteilt, er liege im Sterben.

„Ich ging ins Krankenhaus und bat den Arzt: 'Könnten Sie ihn fragen, ob er mich sehen will?' Am nächsten Tag sagte der Arzt: 'Ich habe es Ihrem Vater gesagt, daß Sie hier sind und glücklich wären, ihn zu sehen.' 'Nein,' sagte Moyse,' Ich will ihn nicht sehen.'" (L. Moyse)

Auch das macht uns traurig

Natürlich ist es schwer, seinen Zorn und seine Starrköpfigkeit zu verstehen, aber dies waren immer wieder auftretende Motive in seinem Leben. Ebenso bedeutete Louis' Scheidung einen schlimmen Schlag für Moyse. *„Moyse war ein Familienmensch, typisch französisch und stolz. Er jagte nie den Frauen nach. Die Familie war eine eng verschworene Gemeinschaft."* *(B. Honegger-Moyse)*

Die bekannte französische Ansicht über die Ehe war damals, und ist es vielleicht heute immer noch, daß ein verheirateter Mann eine Affäre haben kann. Von seiner Frau allerdings wird erwartet, daß sie darüber hinwegsieht und bei ihrem Gatten bleibt.

„War es leicht, mit meinem Vater zusammenzuleben? Ja und nein. Er war ein liebevoller Vater, aber sehr autoritär – alles mußte nach seinem Kopf gehen. Manchmal hatte ich vor ihm Angst. Es war schlimm, weil er mir so viel aufbürdete. Er war sehr gefühlvoll zu seiner Familie, und bei aller Strenge sehr zärtlich zu seiner Frau und den Kindern. Aber manchmal konnte er eine ungeheure Wut an den Tag legen. Ich habe erlebt, wie er einen Teller auf dem Tisch zerbrach, weil er niemanden um sich haben wollte, den er sich nicht selbst ausgewählt hatte. Das ist eine Seite seines Charakters, von der ich sagen kann, daß er sie nicht ändern wollte, weil sie eben zu seiner Persönlichkeit paßte." *(L. Moyse)*

Seine letzten Jahre

„Wir hörten uns bei ihm zuhause manchmal ganze Opern an – Oberon, Macbeth, Sizilianische Vesper zum Beispiel – im Zusammenhang, Scotch oder Pernod trinkend, so daß ich am Ende kaum noch laufen konnte. Und Moyse war so frisch und wach wie am Anfang und bereit für die nächste Oper. Oft war ein so heiterer Ausdruck in seinem Gesicht, während er diese Opern hörte,– Werke, die er selbst sehr häufig gespielt hatte." *(Serkin)*

„Als ich ihn 1982 zum letzten Mal in St. Amour besuchte, sprachen wir über die alten Zeiten, und er fragte mich über Schüler aus der Conservatoireklasse von vor 60 Jahren; wußte ich, was aus dem ein oder anderen geworden war...? Er hatte ein wundervolles Gedächtnis. Natürlich war er körperlich schwach, aber sein Geist war genau so, wie ich ihn kannte." *(Rateau)*

Abb. 63 Moyse, Grimassen schneidend
(Photo: T. Wye)

Seine letzten Tage

„Er steht sehr früh auf, und wenn ich in sein Zimmer komme, sitzt er bereits am Schreibtisch und schreibt seine endlosen Übungen in seiner unglaublichen Miniaturschrift – und spielt sie auch. Dann mache ich etwa um neun Uhr sein Frühstück, bleibe eine Stunde bei ihm und rede mit ihm. Danach schreibt er wieder und macht ein wenig Gymnastik. Er macht weiter bis zum Mittagessen und schläft danach ein bißchen. Wenn es warm genug ist, geht er ein wenig auf der Straße spazieren und sitzt vielleicht ein bißchen draußen. Am Abend hört er Platten, besonders Opern: Verdi, Puccini, Donizetti, Bellini und natürlich französische Opern.

Er hört auch gerne und ohne irgendwelche Anzeichen von Ermüdung seine eigenen Platten. Wenn er mich bittet, eine seiner Platten anzuhören und ich sage: 'Ich habe sie schon zehnmal gehört,' legt er sie trotzdem auf. Ich höre sie dann eben das elfte Mal an. Er liebt die Mozart-Konzerte besonders.

Seine Tage sind immer noch ganz der Flöte, ihren eingeschränkten Möglichkeiten und der Musik gewidmet. Er denkt sehr viel darüber nach, warum die Leute nicht besser Musik machen. Er fragt sich oft, warum Barrère in Amerika keine Flötentradition begründet hat, und was für ein Unglück das ist." (B. Honegger-Moyse)

Nach seinem Tod las man in den Flötenzeitschriften der ganzen Welt von einem oder zwei Flötisten, die sich selbst zum „natürlichen Nachfolger von Moyse" erklärt hatten – eine dreiste Anmaßung.

Wahrscheinlich kann niemand sein Werk fortführen. Niemand sollte versuchen, das Abbild eines anderen zu sein. Man sollte man selbst sein. Flötisten in der ganzen Welt wurden durch seine kraftvolle Persönlichkeit beeinflußt und lassen selbstverständlich etwas aus dieser Motivation in ihr eigenes Unterrichten einfliessen – so wie sie es verstanden haben, auf ihre Art und Weise, aber nicht unbedingt so, wie es Moyse gelehrt haben würde.

Für diejenigen, die länger bei ihm studiert haben, ist er immer in ihrer Lehrweise und in ihrem Spiel präsent. Wie hätte er es gemacht? Was hätte er zu diesem Schüler gesagt? Wie wäre er dem Problem begegnet?

Abb. 64a-c Moyse, eine Klasse unterrichtend (Photos: T. Wye)

Würdigungen

Es gab zu seinen Lebzeiten und in Erinnerung an ihn viele Achtungsbezeigungen. Am 17.Mai 1969 fand zu seinem 80. Geburtstag im Studio 58 an der 58. Straße in New York ein Konzert statt, bei dem über 100 Flötisten und Freunde anwesend waren, um ihn zu beglückwünschen. Es gab ein kleines Konzert einschließlich eines Arrangements von „Happy Birthday to You" aus der Feder von Don Stewart, gefolgt von der Übergabe der Geschenke und dem Genuß von Pernod. Moyse war in Begleitung von Blanche und erhielt viele besondere Geschenke: Ein spezielles Billardqueue, eine Pfeife, einen Fernsehapparat und für

Abb. 65 Moyse und Blanche Honegger-Moyse, Vermont, kurz vor seinem Tod, 1983

Blanche gab es eine Halskette. Moyse war tief gerührt von dem Konzert und drückte Eleanor Lawrence, Paula Sylvester (Robison), Pat Grignet und Frank Solomon gegenüber in dem folgenden Brief seinen Dank aus:

„...Diese 16 Flötisten, die sich selbst in dieser glücklichen Zusammenstellung von Flöten und Piccoli mit dem „Happy Birthday" und einer Darbietung des ersten Satzes des Kuhlau-Quartettes ausdrückten, überwältigten mich so, daß ich keine Worte finden kann.

Die Tränen flossen und die Emotionen lähmten mich so, daß ich nichts tun konnte, als voller Zuneigung zu lächeln.

Dies war für einen wie mich, der sein Leben der Flöte, der Musik und seinen Studenten geopfert hat, eine wunderbare Belohnung. Wie viele von ihnen sind immer noch meine Freunde.

Bitte seid in allem meine Botschafter, und kommt alle wieder zu meinem hundertsten Geburtstag zusammen.

Glaubt, liebe Freunde, an die Zuneigung, Hingabe und Dankbarkeit Eures ergebenen...

Marcel Moyse.

P.S. Vergeßt die Dichter und Komponisten nicht."

Ebenfalls 1969 fand in Canterbury ein vom Verfasser organisiertes, heiteres Konzert zum 80. Geburtstag von Moyse statt, das James Galway, William Bennet und der Verfasser gestalteten. Nach Moyses Tod fand die erste der Würdigungsveranstaltungen zu seinem Gedenken am 6. Januar 1985 in der Queen Elisabeth Hall statt. Das Programm liest sich wie ein Auszug aus dem 'Who-is-who' der Flötenwelt: Es konzertierten unter anderem Edward Becket, Charles Dagnino, Peter-Lukas Graf, Aurèle Nicolet, William Bennet, Michel Debost, Susan Milan, Poul Birkelund und der Verfasser. Kurz darauf gab es in Brattleboro, Vermont, am 3. Februar ein Konzert „In Erinnerung an Marcel Moyse", in dessen Verlauf Blanche Honegger-Moyse ihren Chor leitete. Dadurch, daß Moyse nur fünf Jahre vor Vollendung seines hundertsten Lebensjahres gestorben war, erlebte das Jahr 1989 mehrere bemerkenswerte Konzerte. Die „Marcel Moyse Centennial Celebration" wurde vom 17.–20. Mai in

Marlboro und Brattleboro abgehalten. Viele der amerikanischen Studenten Moyses gestalteten die Programme: Judith Mendenhall, Susan Rotholz, Carol Wincenc, Mary Posses, Karl Kraber, Eleanor Lawrence, Jacqueline Hofto, Max Schoenfeld, Nancy Andrew und Toshiko Kono, um nur einige zu nennen. Die Britische Flötengesellschaft unterstützte eine lustige „Flute Celebration", durch die an Moyses Leben und Werk erinnert werden sollte. Sie wurde von William Bennet mit Edward Blakeman als Sprecher organisiert und fand am 17. Mai 1989, dem 100. Jahrestag des Geburtstages von Moyse, in London statt. Eincr der Höhepunkte dieses Konzertes war William Bennets Bearbeitung der ungarischen Pastoralfantasie von Doppler für sechs Flöten und Piccoli, in deren Verlauf die Flötisten auch zu singen hatten.

(Siehe Abb. 69–76: Plakate und Programme mehrerer Konzerte und Würdigungsveranstaltungen für Moyse.)

Abb. 66. Celine Moyse und Dot Wye, Canterbury, 1969

Bei einem der letzten Kurse in Boswil wurde Moyse krank und verbrachte einige Tage auf seinem Zimmer im Bett liegend, mit mehreren Decken zugedeckt. Einige elektrische Heizgeräte liefen auf der höchsten Stufe. Der Verfasser entschloß sich, nach England zurückzukehren, weil man kaum erwarten konnte, daß sich Moyse ausreichend erholen würde, um die Klasse in absehbarer Zeit wieder aufnehmen zu können. Ich ging auf sein Zimmer, um mich zu verabschieden, und als ich ihn sah, war ich überzeugt, es würde unser letztes Treffen sein. Der Raum war unglaublich aufgeheizt – es war Sommer –, und Moyse lag gut eingewickelt im Bett. Er sprach ohne sein Gebiß, und man konnte ihn nur schwer verstehen. Er war offensichtlich sehr krank.

„Bevor du gehst" sagte er, „muß ich eine Frage beantworten, die du und Bennet mir auf dem Kurs 1965 gestellt habt."

Ich dachte: „Ich glaube es nicht."

Zunächst hatte ich überhaupt keine Vorstellung, was für eine Frage das gewesen sein sollte, die wir 14 Jahre früher gestellt hatten. Unter einigen Mühen erinnerte ich mich daran, daß es mit der Plazierung der Betonung im 3er Takt – wenn die erste Note kurz und die zweite lang ist – wie in der vierten der '24 kleinen melodischen Übungen' zu tun hatte. Seine Antwort 1965 war: „Ich kann euch nicht gleich antworten, aber ich werde darüber nachdenken."

14 Jahre danach, dem Tode nahe, wollte er diese unerledigte Frage klären. Er kämpfte mit seinen schwachen Bronchien, seinem rauhen Hals, dem Fehlen der dritten Zähne. Er wollte die Frage unbedingt beantworten, wozu er einige Zeit benötigte. Ich bekam von der Antwort nichts mit, weil ich über seine Anstrengungen bestürzt war und gleichzeitig versuchte, ihm zu versichern, daß es wirklich nicht so wichtig sei...

Die zauberhaften Augenblicke mit ihm je zu vergessen, ist unmöglich.

An einem Sommerabend, als Moyse in Canterbury weilte, entschlossen sich der Verfasser und seine Frau, Moyse und Celine in Giovannis Restaurant nach Whitstable zum Essen auszuführen (Es befindet sich immer noch in der Canterbury Road). Giovanni hatte von Moyse gehört und den Tisch mit einer schönen Decke und einer Vase mit Rosen gedeckt. Wir nahmen unsere Tochter Micky mit, und sie war mit ihren elf Jahren natürlich ganz aufgeregt. Micky trank beim Essen ein wenig Wein und erzählte Moyse am Ende eine Geschichte. Dabei fuchtelte sie mit den Armen umher und stieß ihr Likörglas um. Die hellgrüne Flüssigkeit hinterließ einen großen Fleck auf der sauberen Tischdecke. Ihr traten sofort Tränen in die Augen. Moyse schüttete ohne zu zögern sein volles Likörglas auf den Tisch und rief im selben Moment nach dem Kellner: „Noch zwei Liköre, bitte!"

Nur ein außergewöhnlicher Mensch konnte auf so etwas kommen, und wir liebten ihn dafür. Die, die übrig geblieben sind, können sich nur auf seine Inspiration und die Erkenntnisse, die er uns vermittelte, beziehen. Die Tradition 'weiterführen' zu wollen, ist ein würdiges Ziel, ihn zu imitieren oder sein 'Nachfolger' sein zu wollen, ist mit Sicherheit ein Fehler.

Moyse sagte häufig, er wäre lieber Briefträger als Flötist geworden.

Welch unschätzbarer Verlust wäre das gewesen.

Abb. 67 Moyse, Lausanne, Schweiz; ca. 1964

Abb. 68 Moyse mit den Teilnehmern des zweiten Flötenkurses, Vernon Holme, Canterbury, 1970

PROGRAMME

PART 1

Number

1 Concert Duet

Herr Kohler

On a Melodie of Mr. Chopin
With Mr. Galway and Mr. Wye

2 Introducing the Catch Club
(Straight from a private performance for the Countess of *——*!)

3 Grande Fantasie

Demmersemann

On themes of Mr. Weber's Opera — Oberon
with which Mr. Bennett will delight you.

4 The Catch Club
(Ladies of weak constitution are invited to retire during this item. The attendants will direct you to a chamber especially provided.)

5 An Item
Written especially for your delight by Herr Böehm, of Munich, and rendered by Mr. Galway (direct from foreign parts), with Mr. Rubach at the pianoforte.

☛ AN INTERVAL ☚
(During which a very special announcement will be made)

PART 2

Number

6 The Catch Club
Among the items will be performed a piece composed for a royal occasion and dedicated to His Royal Highness!

7 A Caprice

Bonneau

A modern work without pianoforte accompaniment which will be largely unknown, but which, it is hoped, will delight you.

8 An Especial Item
With two most talented young performers:—
MASTER JAMES LYLE
MISS MICHELINE WYE
☛ (both aged 12 years!)
Who will play A WALTZ by HERR KOHLER
(Dancing is most positively prohibited during this item)

9 A Surprise Item!
Played by Mr. Galway and Mr. Rubach who will, no doubt, acquaint the audience of their intentions beforehand.

10 The Final Appearance of the Catch Club
(Positively no whistling or shouting)

11 Duet
By one of the famous Brothers Doppler and recently rendered by these two performers abroad with the most unbounded applause. Mr. Bennet and Mr. Wye, with Mr. Rubach at the pianoforte.

THE END

GREEN MOUNTAIN VEGETABLE OINTMENT HAS BEEN FOUND MOST EFFICACIOUS FOR A VARIETY OF MALADIES!

Abb. 69 Programm des Festkonzertes zum 80. Geburtstag, Canterbury, 1969

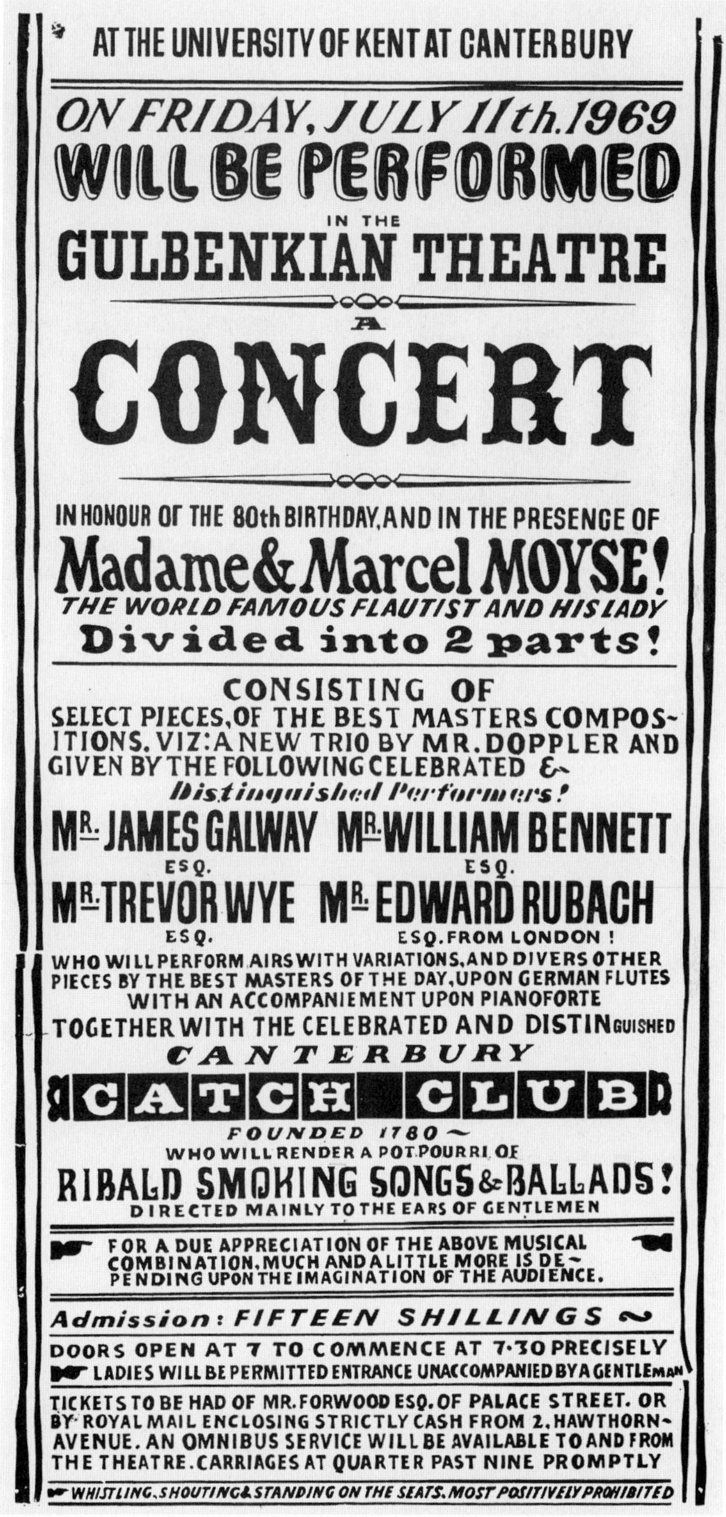

AT THE UNIVERSITY OF KENT AT CANTERBURY

ON FRIDAY, JULY 11th.1969
WILL BE PERFORMED
IN THE
GULBENKIAN THEATRE

A
CONCERT

IN HONOUR OF THE 80th BIRTHDAY, AND IN THE PRESENCE OF
Madame & Marcel MOYSE!
THE WORLD FAMOUS FLAUTIST AND HIS LADY
Divided into 2 parts!

CONSISTING OF
SELECT PIECES, OF THE BEST MASTERS COMPOSITIONS. VIZ: A NEW TRIO BY MR. DOPPLER AND GIVEN BY THE FOLLOWING CELEBRATED & Distinguished Performers!

MR. JAMES GALWAY ESQ. MR. WILLIAM BENNETT ESQ.
MR. TREVOR WYE ESQ. MR. EDWARD RUBACH ESQ. FROM LONDON!

WHO WILL PERFORM AIRS WITH VARIATIONS, AND DIVERS OTHER PIECES BY THE BEST MASTERS OF THE DAY, UPON GERMAN FLUTES WITH AN ACCOMPANIEMENT UPON PIANOFORTE

TOGETHER WITH THE CELEBRATED AND DISTINGUISHED
CANTERBURY
CATCH CLUB
FOUNDED 1780
WHO WILL RENDER A POT POURRI OF
RIBALD SMOKING SONGS & BALLADS!
DIRECTED MAINLY TO THE EARS OF GENTLEMEN

FOR A DUE APPRECIATION OF THE ABOVE MUSICAL COMBINATION, MUCH AND A LITTLE MORE IS DEPENDING UPON THE IMAGINATION OF THE AUDIENCE.

Admission: FIFTEEN SHILLINGS

DOORS OPEN AT 7 TO COMMENCE AT 7·30 PRECISELY
LADIES WILL BE PERMITTED ENTRANCE UNACCOMPANIED BY A GENTLEMAN

TICKETS TO BE HAD OF MR. FORWOOD ESQ. OF PALACE STREET. OR BY ROYAL MAIL ENCLOSING STRICTLY CASH FROM 2, HAWTHORN-AVENUE. AN OMNIBUS SERVICE WILL BE AVAILABLE TO AND FROM THE THEATRE. CARRIAGES AT QUARTER PAST NINE PROMPTLY

WHISTLING, SHOUTING & STANDING ON THE SEATS, MOST POSITIVELY PROHIBITED

Abb.70 Plakat des Festkonzertes zum 80. Geburtstag, ll. Juli 1969

GRAND MEMORIAL CONCERT

GLC QUEEN ELIZABETH HALL

SUNDAY JANUARY 6th 1985

2.45 : TALK : *MARCEL MOYSE REMEMBERED*
by TREVOR WYE

3.45 : GRAND MEMORIAL CONCERT

EDWARD BECKETT	WILLIAM BENNETT
CHARLES DAGNINO	MICHEL DEBOST
PETER-LUKAS GRAF	SUSAN MILAN
AURÈLE NICOLET	TREVOR WYE

with

POUL BIRKULUND, LINDA COTELLO,
EVELYN FRANK, ALISON FREEGARD,
MIKE HIRST, HILARY TAGGART, CLARE SOUTHWORTH,
DOUGLAS TOWNSHEND, JANET WAY, JENNY WELCH,
and AVERIL WILLIAMS, WITH ROBERT SCOTT, Piano.

Accompanist: ANTHONY HALSTEAD, Piano

MARCEL MOYSE

SOUVENIR PROGRAMME

PROGRAMME

INTERVAL

1 . LARGHETTO IN F from SERENADE, Op. 22
Dvorák (arr. Parry)
for Flute Choir
Conducted by Trevor Wye

6. FANTASIE ON MIGNON   Taffanel
Soloist: William Bennett

2 . NOCTURNE AND ALLEGRO SCHERZANDO   Gaubert
ROMANCE   Saint-Saens
Soloist: Michel Debost

7. FANTASIE Sur Le Freyschutz par Weber   Taffanel
Soloist: Edward Beckett

8. FANTASIE   Georges-Hüe
Soloist: Aurèle Nicolet
Pianist: Anthony Halstead

3. THIRD GRAND SOLO   Tulou, Op. 79
Soloist: Charles Dagnino

4. SUITE   Widor, Op. 30
Moderato · Romance · Scherzo
Soloist: Peter-Lukas Graf

9. CANTIQUE DE JEAN RACINE   Fauré (arr. Wye)
for Flute Choir and Piano
Robert Scott, Piano: Conducted by Trevor Wye

5. CANTABILE ET PRESTO   Enesco
Soloist: Susan Milan

Abb. 71 Großes Gedenkkonzert, Marcel Moyse, Programm zur Erinnerung, 6. Januar 1985, Queen Elisabeth Hall

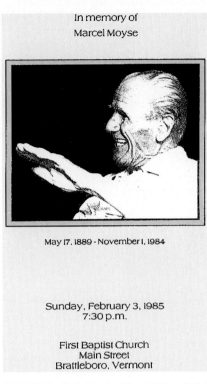

In memory of
Marcel Moyse

May 17, 1889 - November 1, 1984

Sunday, February 3, 1985
7:30 p.m.

First Baptist Church
Main Street
Brattleboro, Vermont

PROGRAM

Gieb dich zufrieden (chorale melody by J.S. Bach)	J.S. Bach (1685-1750)
Wenn ich einmal soll scheiden (from the St. Matthew Passion)	J.S. Bach

Blanche Moyse Chorale
(no applause, please)

Cantata BWV 56, "Ich will den Kreuzstab — J.S. Bach
gerne tragen"

Aria: Ich will den Kreuzstab gerne tragen
Recitative: Mein Wandel auf der Welt
Aria: Endlich wird mein Joch wieder von mir
weichen müssen
Recitative: Ich stehe fertig und bereit
Chorale: Komm, o Tod, du Schlafes Bruder

Brian Rayner Cook, baritone

Cantata BWV 57, "Selig ist der Mann" — J.S. Bach

Aria: Selig ist der Mann
Recitative: Ach! dieser süsse Trost
Aria: Ich wünschte mir den Tod
Recitative: Ich reiche dir die Hand
Aria: Ja, ja, ich kann die Feinde schlagen
Recitative: In meinem Schoss liegt Ruh und Leben
Aria: Ich ende behende mein irdisches Leben
Chorale: Richte dich, Liebste

Nan Nall, soprano
Brian Rayner Cook, baritone

Ruht wohl — J.S. Bach
(last chorus of the St. John Passion)

Blanche Moyse Chorale
(no applause, please)

Blanche Honegger Moyse, conductor

Abb. 72 „Im Gedenken an Marcel Moyse", 3. Februar 1985, Brattleboro, Vermont, Deckblatt und Programm

Flute Celebration

A concert to commemorate the 100th birthday of Marcel Moyse

Programme 80p

Wednesday May 17th, 1989, at 7:30 p.m.
St. John's Smith Square, London SW1P 3HA

Director - Paul Davies

Programme

Grande Fantaisie de Concert, Op. 20 on Weber's Oberon	Jules Demersseman
ENSEMBLE	
Romance, Op. 37	Camille Saint-Saëns
TREVOR WYE	
Suite de Trois Morceaux, Op. 116 Allegretto and Waltz	Benjamin Godard
EDWARD BECKETT	
Sonate no. 2, First Movement	Philippe Gaubert
RAYMOND GUIOT	
Variations on a Scottish Air	Friedrich Kuhlau
ENSEMBLE	

Interval

Tone Development Through Interpretation	Marcel Moyse
ENSEMBLE	
Fantaisie	Georges Hüe
WILLIAM BENNETT	
Humoreske, Op. 101 no. 7	Antonin Dvorak
Serenade	A Woodall
ADRIAN BRETT	
Joueurs de Flûte, Op. 27, Pan	Albert Roussel
RAYMOND GUIOT	
Fantaisie Pastorale Hongroise, Op. 26	Franz Doppler
ENSEMBLE	

Abb. 73 „Flute Celebration": Ein Konzert zur Erinnerung an den 100. Geburtstag von Marcel Moyse, London 1989, Deckblatt und Programm

MARCEL MOYSE
May 17, 1889 - November 1, 1984

❋ MARCEL MOYSE
CENTENNIAL
CELEBRATION

May 17-20, 1989
Marlboro and Brattleboro, Vermont

Abb. 74 Feierlichkeiten zum 100.Geburtstag, 17.-20. Mai 1989; Vermont

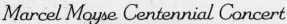

Marcel Moyse Centennial Concert
Wednesday • May 17, 1989 • 8:00 p.m.
West Village Meeting House • Brattleboro, Vermont

Sonata in G Major, BWV 1038   *J.S. Bach*
    Largo   *(1685-1750)*
    Vivace
    Adagio
    Presto

Westminster Trio
Greg Hayes, *harpsichord*

Romance, Op. 37   *Camille Saint-Saëns*
                Judith Mendenhall, *flute*   *(1835-1921)*
                 Luis Batlle, *piano*

Fantasie Pastorale Hongroise, Op. 26   *Albert Franz Doppler*
                Susan Rotholz, *flute*   *(1821-1883)*
                Mr. Batlle, *piano*

Morceau de Concours   *Gabriel Fauré*
                                           (1845-1924)

Cantabile et Presto   *Georges Enesco*
                Carol Wincenc, *flute*   *(1881-1955)*
                Mr. Batlle, *piano*

Grand Quartet in e minor, Op. 103   *Friedrich Kuhlau*
    Rondo   *(1786-1832)*

Carol Wincenc, *flute*
Judith Mendenhall, *flute*
Susan Rotholz, *flute*
Mary Posses, *flute*

Quintet (1878)   *Paul Taffenel*
    Allegro con moto   *(1884-1908)*
    Andate
    Vivace

Karl Kraber, *flute*
James Brody, *oboe*   David Krakauer, *clarinet*
Stewart Rose, *horn*   Gary Echols, *bassoon*

INTERMISSION

Es ist genug   *J.S. Bach*
Gib dich zufrieden
Ach Herr, lass dein' lieb' Engelein

The Blanche Moyse Chorale
Blanche Moyse, *conductor*

Quintet in E♭ Major, Op. 16   *Ludwig van Beethoven*
    Grave—Allegro, ma non troppo   *(1770-1827)*
    Andante Cantabile
    Rondo: Allegro, ma non troppo

Ruth Laredo, *piano*
Patricia Grignet Nott, *oboe*
Larry Guy, *clarinet*
Michael Finn, *bassoon*
Barbara Oldham, *horn*

Abb. 75 Feierlichkeiten zum 100. Geburtstag, 17. Mai 1989; Brattleboro, Vermont

Commemorative Concert

Saturday • May 20, 1989 • 8:00 p.m.
Persons Auditorium • Marlboro College • Marlboro, Vermont

Divertissement   *J.C. Bach*
(1735–1782)

Allegro
Andante
Grazioso
Rondo

Ruth Wright, *flute*
Peggy Vagts, *flute*
Samuel Sanders, *piano*

Andante and Rondo, Op. 25   *Albert Franz Doppler*
(1821–1883)

Eleanor Lawrence, *flute*
Marjorie Veleta, *flute*
Mr. Sanders, *piano*

Joueurs de Flûte   *Albert Roussel*
(1869–1937)

Pan
Mr. de la Pejaudie

Jacqueline Hofto, *flute*
Mr. Sanders, *piano*

Grand Quartet in e minor, Op. 103   *Friedrich Kuhlau*
(1786–1832)

Andante maestoso—Allegro assai con molt fuoco

Karl Kraber, *flute*
Jacqueline Hofto, *flute*
Max Schoenfeld, *flute*
Nancy Andrew, *flute*

Guillaume Tell Duo   *Demersseman and*
Bertelemy

Toshiko Kohno, *flute*
Rudolph Vrbsky, *oboe*
Mr. Sanders, *piano*

INTERMISSION

Serenade in E^b Major, K. 375   *Wolfgang Amadeus Mozart*
(1756–1791)

Allegro maestoso
Menuetto
Adagio
Menuetto
Finale: Allegro

*Oboe   Bassoon
  Laura Jaeger Seiffert   Linda Harwell
  Daniel Stolper   Joyce Kelley

Clarinet   French Horn
  Loren Kitt   Robert Fries
  Edward Marks   Stephen Seiffert

*Performers' names are listed alphabetically.

Abb. 76 Feierlichkeiten zum 100. Geburtstag, 20. Mai 1989; Marlboro, Vermont

ZM 00019

Fußnoten zu Kapitel 5

1. Dieses Buch wurde dem Verfasser von Moyse geschenkt.

2. Moyse betrachtete eine Goldflöte als Angeberei.

3. Hérichés Ausgabe ist bei Billaudot veröffentlicht.

4. Claude Dorgeuille, „The French Flute School: 1880–1950", übersetzt und herausgegeben von Edward Blakeman, (London, Tony Bingham, 1986), Seiten 83–84.

Kapitel 6

Und zum Schluß...

„Wegen Moyse ist die Flöte heute so beliebt." (Prieur)

Möglicherweise hat sich bis zu diesem Punkt beim Leser das Gefühl entwickelt, es könne schwierig, wenn nicht unmöglich sein, Moyse wirklich zu erfassen. Vielleicht blieb er sich selbst immer ein Geheimnis. Zweitklassige psychologische Erklärungen zu bemühen, um seine Ausbrüche, seine Eifersucht und sein unlogisches Verhalten zu deuten, wäre leicht – es ist einfach die naheliegendste Erklärung.

„Teilweise ist seine Persönlichkeit eine Folge aus einem schrecklichen Verfolgungswahn, dessen er sich jetzt, wie ich glaube, bewußt ist. Alle Studenten in Paris und alle Schüler , die er auf der ganzen Welt hatte, hegten ihm gegenüber immer zwiespältige Gefühle, weil er sehr großzügig mit seinen Gefühlen sein konnte und dann wieder äußerst garstig. Groschenpsychologie zu bemühen und dies darauf zurückzuführen, daß er als Kind seine Mutter verloren hatte und von seinem Vater verlassen wurde, ist immer recht einfach." (Debost)

Die Umstände um seine Geburt könnten als perfekte Entschuldigung für vieles in seinem Benehmen gelten, aber im Gegensatz zu vielen Leuten in jener Zeit war er auf seine Herkunft – oder ihren Makel – stolz und hatte Vergnügen daran, über seine bescheidenen Anfänge in allen Einzelheiten zu berichten. Er liebte es, den Bauern herauszukehren, obwohl man gleichzeitig merkte, daß er ein sehr gebildeter und kultivierter Mensch war.

Celine erleichterte ihm vieles. Sie war immer mit den Mahlzeiten, mit Hilfe und einem offenen, mitleidvollen Ohr für seine gerade anliegenden Streitereien zur Stelle.

Es ist höchst befremdlich, daß er in seinen späteren Jahren nie mehr über das sprach, was zu den lebhaftesten und glücklichsten Abschnitten seines Lebens gehört haben muß: Die über zehn Jahre andauernde Freundschaft mit der Familie Delbos.[1] Die beiden Familien waren unzertrennlich. Es gab Ausflüge mit dem Motorrad, Ferien in St. Amour, gemeinsame Arbeit und gemeinsames Leben. Was war geschehen, wodurch wurde er dazu gebracht, über diese Zeit ein Tuch des Schweigens zu decken? Es wird ein Geheimnis bleiben. Louis dagegen liebte die Delbos und erinnert sich gut an sie.

„Sie waren ein wichtiger Teil meiner Jugend, und ich pflege die Erinnerungen an sie." (L. Moyse)

Die Verbitterung nach dem Krieg

„Mein Vater kämpfte für die Tradition, er kämpfte darum, seinen Ruhm und die glorreiche Vergangenheit wiederherzustellen... und Crunelle kämpfte um die Gegenwart." (L. Moyse)

Abb. 77 Moyse in Gesellschaft

Der zweite Weltkrieg war sein Verderben. Moyse berichtete immer wieder, daß seine Klasse an gleichgesinnte Freunde übergeben worden war. Tatsächlich verließ er 1940 die Conservatoireklasse, ohne sein Vorgehen der Hochschulleitung zu erklären und ging nach St. Amour. Die Studenten mußten – Krieg hin, Krieg her – ihre Studien fortsetzen, und so hatte der Direktor keine andere Wahl, als Moyse in dem Augenblick zu ersetzen, als klar wurde, daß er nicht beabsichtigte, nach Paris zurückzukehren und seine Klasse wieder zu unterrichten. Es muß erwähnt werden, daß die Beziehung zwischen Gaston Crunelle und Moyse immer freundschaftlich blieb, obwohl Crunelle während der Besatzung für Moyse unterrichtete und nach dem Krieg als Professor am Conservatoire blieb. Im Frühling 1944 reiste die Familie Moyse nach Paris und wurde von Crunelle nach Hause zum Essen eingeladen. Louis Moyse erinnert sich: „...er war der perfekte Gastgeber. Er zeigte durch sein Verhalten und seine Äußerungen, daß er das Conservatoire als sein Terrain betrachtete. Aber er sagte es auf sehr nette Weise."

„*Mein Vater war glücklich, als Crunelle 1935 oder 36 sein Nachfolger an der Opéra Comique wurde.*" (L. Moyse)

Für uns ist es aus heutiger Sicht schwierig, die Probleme zu verstehen, die man in Frankreich nach dem Krieg hatte. Es gab einerseits die Kollaborateure, die in Paris geblieben waren und ihre Arbeit unter der deutschen Besatzung weitergeführt hatten, und es gab die Gaullisten, die Résistance und ihre Sympathisanten. Die Letztgenannten trugen sich mit der vielleicht naiven Hoffnung, daß nach dem Sieg der Alliierten – und es gab 1944 keinen Zweifel mehr daran – die Kollaborateure aus ihren Anstellungen entlassen und im äußersten Fall eingesperrt oder sogar hingerichtet werden würden. Moyse war 56 Jahre alt, als er nach Paris zurückkehrte, ein Alter, in dem es einem wahrhaftig nicht leicht fällt, sich mit neuen Verhältnissen zu arrangieren und zu vergeben. Wie er erzählte, hatte man ihm die Klasse weggenommen, und er wurde nicht wieder in seine Stellung eingesetzt. Tatsächlich bot man ihm – unter Berücksichtigung der Umstände zu durchaus vernünftigen Bedingungen – eine Klasse an. Gaston Crunelle ging

Abb. 78 Eine Karikatur von Petrovic, die zeigt, daß Moyse mit einem Schraubenschlüssel ebenso vertraut war, wie mit der Flöte.

davon aus, daß er hinter Moyse zurücktreten müsse, aber der Direktor bestand darauf, daß er blieb und schlug die Einrichtung einer zweiten Klasse für Moyse vor. Dies bedeutete einen Bruch mit der Tradition. Leider war Moyse viel zu stolz, um diese Aufteilung seiner früheren Stellung und seines Einflusses akzeptieren zu können.

„Als die Familie Moyse im Herbst 1944 endgültig nach Paris zog, begann mein Vater den Kampf gegen M. Delvincourt, den Direktor des Conservatoire. Zwischen Moyse und Crunelle fiel nie ein böses Wort, aber unterschwellig gab es, auch als die zweite Flötenklasse für Moyse eingerichtet wurde, Spannungen zwischen ihnen... Konkurrenz... wer hatte die besten Schüler... Mein Vater kämpfte um die Tradition, er kämpfte darum, seinen Ruhm und die glorreiche Vergangenheit wiederherzustellen...und Crunelle kämpfte um die Gegenwart.“ (L. Moyse)

Abb. 79 Moyse mit Blanche

Die Härte des Krieges hatte die Menschen entscheidend geprägt. Viele hatten Tod und Zerstörung direkt erlebt. Paris war ein viel härteres Pflaster als zuvor. Moyse war mehr als vier Jahre weg gewesen – eine lange Zeit der Abwesenheit vom Mittelpunkt der Flötenwelt. Während dieser Zeit waren jüngere und genauso glänzende Flötisten, wie zum Beispiel Jean-Pierre Rampal, aufgetaucht. Sie wollten auch ein Stück vom Kuchen haben. Es gibt Berichte, die die Vermutung nahelegen, daß Moyse bei solistischen Auftritten im Paris der Nachkriegszeit nicht dieselbe musikalische Ausstrahlung hatte wie zuvor. Die Gesellschaft vergißt einen Musiker sehr bald, wenn er nicht ständig in der Öffentlichkeit steht. Moyse war vielleicht nicht ganz vergessen, aber er mußte sich in Konkurrenz mit den jüngeren, möglicherweise tatkräftigeren und sichereren Flötisten erst wieder einen Platz erobern. Er verfügte nicht mehr über dieselben Fähigkeiten wie vor dem Krieg. Vielleicht hatte er seinen Schneid verloren.

Noch schlimmer war, daß er ohne Rücksicht auf seinen Ruf als brillanter Lehrer seine Stelle als Flötenprofessor am Conservatoire Nationale Supérieure in Paris, eine Spitzenstellung in der Flötenwelt, verloren hatte. In seinen Büchern wurde er überall als der Professor des Conservatoire bezeichnet, aber er besaß den Titel nicht mehr. Ein jüngerer, flexiblerer und toleranterer Mensch hätte die rauhen Sitten im Nachkriegs-Paris ertragen können, aber so wie er veranlagt war, konnte er es eben nicht.

Nachdem er sich in Brattleboro niedergelassen hatte, war es ihm immerhin möglich, nach Paris zurückzukehren, um auf Wunsch seiner Familie seine Pension zu beantragen. Es fiel ihm aber nicht leicht. Jeder, der versucht, ein neues Leben auf dem Stückchen Land eines anderen aufzubauen, beschwört normalerweise Schwierigkeiten herauf. Moyses Ankunft in den Staaten wurde nicht mit allgemeiner Begeisterung aufgenommen. Obwohl er ein Mensch von ungeheurer Energie und Charakterstärke war, konnte er sich nur schwer an den „American Way of Life“ anpassen. An Schmeicheleien und Einladungen gewöhnt, war er natürlich darüber enttäuscht, wenn nicht sogar erbost, nicht überall mit offenen Armen aufgenommen und geehrt zu werden.

Sein Gedächtnis

Wie bereits erwähnt, besaß er über ein bemerkenswertes Gedächtnis – eine Tatsache, die Historiker in Zukunft nicht unerwähnt lassen sollten. Er erinnerte sich bei vielen Gelegenheiten dem Verfasser gegenüber lebhaft und genau an Ereignisse, die 20 oder mehr Jahre zurücklagen; oft ging es um jemanden, der ein Stück oder eine Übung bei einem Kurs gespielt hatte. Sein Erinnerungsvermögen war wirklich außergewöhnlich – fast photographisch. Genauso waren seine Erinnerungen an manche Ereignisse ganz offensichtlich durch seinen Ärger oder seine Eifersucht gefärbt.

„Ich erinnere mich, daß Cortet 1923 in der Klasse in Paris die g-Moll Sonate von Bach mit einigen falschen Noten für mich spielte. Ich erinnere mich auch an das Licht in dem Raum und an die anderen Anwesenden." (Moyse)

„Er nimmt immer das Ganze in sich auf, nicht nur die Einzelheit im Zentrum des Geschehens. Seine Augen sind sowohl für das entscheidende Moment als auch für die Dinge, die außenherum passieren, offen." (Bennet)

Die Anekdoten über Debussy, Ravel, Taffanel usw., die er in den Klassen viele Male einfließen ließ, erzählte er zwar immer wieder anders. Es waren aber immer dieselben Ereignisse, über die er sprach.

Umherziehende Studenten

Es wurde oft gesagt, daß Moyse nicht mochte, daß ihm wirklich brillante Flötisten vorspielten. Vielleicht betrachtete er sie – besonders nach dem Krieg – als Bedrohung. Vielleicht trifft das zu, aber sicher konnte er Flötisten, deren Vorstellungen und Bewußtsein für Interpretation bereits ausgeprägt waren, nicht mehr prägen. Warum spielten sie ihm vor? Um seine Anerkennung zu gewinnen? Aus welchem Grund? Er sah darin keinen Sinn, wie sollte er etwas ändern, das ihm nicht gefallen hatte – was übrigens häufig vorkam. Und, gesetzt den Fall, auf beiden Seiten war guter Wille und Aufnahmebereitschaft, wie sollte er in einer einzigen Lektion etwas bewegen? In Boswil spielte ihm eine begabte Studentin zum ersten Mal vor, und Moyse schlug ihr nach der Klasse weitere Übungen oder Melodien zum Üben bis zur nächsten Klasse vor. Sie entgegnete: „Oh, morgen bin ich aber schon nicht mehr da, weil ich morgen zu Herrn Galways Kurs nach Luzern fahre." Moyse wurde wütend und fühlte sich betrogen. Und tatsächlich war er betrogen worden. Er war schließlich davon ausgegangen, daß die Teilnehmerin die ganzen drei Wochen anwesend sein würde, eine Zeit, in der er ei-

Abb. 80 Das Pasdeloup Orchester

nige Änderungen bewirken zu können glaubte. Er betrachtete die Studentin als einen „Meister-kursschmetterling", von einem Meister zum nächstem flatternd, um einige Tips und Namen für ihren Lebenslauf aufzuschnappen! Er fühlte sich auch deswegen betrogen, weil er genau wußte, daß er die Studenten nicht nur unterrichtete sondern inspirierte, wie es nur ein bedeutender Lehrer kann.

Moyses Rache

Er äußerte in den letzten 30 Jahren alle möglichen Ansichten über Flötisten jeder Nationalität: Deutsche, Franzosen, Engländer, Amerikaner, Japaner und andere. Manchmal waren es Komplimente, aber meistens doch harte Urteile. Diese Geschichten breiteten sich aus wie Wellen, jede einzelne wurde von der nachfolgenden überrollt. Oft widersprachen sie sich, so daß der Empfänger der letzten, aktuellen 'Meinung' nicht mehr wußte, was er glauben sollte. Worin Moyse allerdings beständig blieb, war seine Wut darüber, daß er seiner Meinung nach von den Franzosen fallengelassen worden war. Deshalb fand in seinem Denken die große Renaissance des Flötenspiels immer in einem anderen Land als in Frankreich statt – irgendwo, aber nicht in Frankreich!

Alain Marions warmherzige Einladung, nach Paris zurückzukehren und die Gastfreundschaft anderer Pariser Flötisten wurde von ihm teilweise mißbraucht, um sich zu rächen und seiner Wut über das Conservatoire und frühere Kollegen Luft zu machen. Der berühmte – oder unrühmliche Vorfall mit dem Brief, der in Kapitel 5 beschrieben wird, war auch so ein Akt der Heimzahlung.

Selbst Charles Dagnino, Professor für Flöte in Metz, der sich in Moyses letzten Jahren so großzügig und treu um ihn kümmerte, wurde zur Zielscheibe seiner Wutausbrüche. Seltsamerweise akzeptierten seine Freunde sein Verhalten, vergaßen es einfach und konzentrierten sich auf die positiveren Seiten seiner Persönlichkeit. Vielleicht wäre er ohne seine Wut und ohne die Heftigkeit seines Charakters nicht so kreativ gewesen.

Historische Dokumente: Seine Aufnahmen

Natürlich fällt jungen Flötisten, wenn sie heute seine Aufnahmen hören, zuerst der seltsame 30er Jahre - Orchesterklang mit den Portamenti und dem Übergewicht auf der Baßstimme auf. Dann hört man Moyses elegantes und wunderschönes Spiel, mit wunderbarer Artikulation...aber etwas zu hoch! Viele Flötisten stört diese zu hohe Stimmung nicht. Die heutige französische Tradition hat schließlich viele gute Seiten – aber gute Intonation gehört sicher nicht dazu! Andere wiederum fühlen sich unangenehm berührt. So geht es auch dem Verfasser, der diese zu hohe Stimmung aber aus verschiedenen Gründen im großen und ganzen entschuldigen kann: Zunächst ist Moyses Spiel, wie William Bennet schon sagte, musikalisch wunderschön; außerdem muß man bedenken, daß die Aufnahmen zu einer Zeit entstanden, als Intonationsprobleme einfach dazugehörten – die Flötisten waren noch nicht im Genuß unserer fast perfekten Flötenskalen; und schließlich hatten die Flötisten damals nicht den offensichtlichen Vorteil, ihre Zeitgenossen unter den bestmöglichen Aufnahme- und Wiedergabebedingungen zu hören, was uns heutzutage beim Hören von Aufnahmen viel wählerischer und erfahrener macht und ein viel stärkeres Bewußtsein für Intonation erzeugt, als dies in den 30er

Jahren der Fall war. Jean-Pierre Rampal zum Beispiel hat in seiner Laufbahn von April 1964 bis heute über 500 Soloplatten aufgenommen. Die Gesamtzahl an Flötensoloplatten, die weltweit produziert wurden, bewegt sich wahrscheinlich um 100.000.

Moyse und die 'Groupies'

In der Behauptung, Moyse habe 'Groupies' ermutigt oder Studenten 'geklont', liegt ein Körnchen Wahrheit, wenn man sein Streben nach Fortsetzung der Tradition bedenkt. Er tat allerdings nichts, um 'Groupies' zur Verehrung seiner Person zu ermutigen. Er bemühte sich, seine Kräfte darauf zu konzentrieren, was er nach seinem Tod als Vermächtnis behandelt wissen wollte. Nicht weil er glaubte, seine Erkenntnisse seien es wert, weitergereicht zu werden (obwohl sie es sind), sondern weil er sich sein ganzes Leben als Bewahrer der Tradition, die ihm von Taffanel übergeben worden war, verstand und es als seine Pflicht ansah, sie fortzusetzen.

'Klonte' er seine Studenten? Dessen kann man fast jeden Lehrer beschuldigen. In einer Wettbewerbsjury kann der Verfasser normalerweise mit einiger Sicherheit feststellen, 'aus welchem Stall das Pferd kommt'. Nicht nur wegen des Auftretens oder der besonderen Phrasierung des Teilnehmers, sondern auch wegen des besonderen Tons, des Vibratos und häufig wegen der Artikulation. Die Lehrer sind normalerweise sehr bekannte und angesehene Flötisten, die ihre Studenten bewußt oder unbewußt 'geklont' haben.

Der Verfasser erinnert sich nach 15 Jahren Anwesenheit bei Meisterklassen von Moyse nur an einen Flötisten, einen reifen, etablierten Spieler, der wie ein mattes Abbild von Moyse klang. (Über den offensichtlichen Mangel an Individualität bzw. den fehlenden Wunsch, ein individueller Flötist zu sein, wunderte sich der Verfasser.) Wenn man bedenkt, daß er Hunderte von Studenten hatte, muß man nicht nur feststellen, daß sie nicht wie er klangen, sondern daß er auch nichts tat oder sagte, um sie dazu zu bringen, ihn zu imitieren. Seine Grundsätze waren einfach: Beherrsche die Flöte, arbeite an einem schönen Ton, an einer unfehlbaren Artikulation und sauberen Technik, und vor allem, achte die Musik.

Jeder, der Moyse des 'Groupismus' oder des 'Klonens' beschuldigt, kannte ihn überhaupt nicht.

Das Erlebnis Moyse

„Respektiert, welche Mühen der Komponist unternommen hat, um etwas zu erschaffen." (Moyse)

Wenn der Verfasser daran zurückdenkt, wie er anfänglich auf der ersten Flötenklasse in Boswil reagierte, erinnert er sich an gewisse Schwierigkeiten zu verstehen, was Moyse da machte. Während des ersten Tages ließ dieser außergewöhnliche Mann die Studenten langsame, langweilige Melodien spielen, deren Sinn nicht einleuchtete. Am zweiten Tag, während einer der „24 Übungen", begann ich zu erkennen, wovon er sprach. Obwohl sein Unterricht einige Dinge bestätigte, die ich bereits wußte, gab es doch so viele neue Anregungen. Ich war verwirrt, denn ich hatte geglaubt, schon einiges über die Flöte und Musik zu wissen, bevor ich nach Boswil kam. Den dritten Tag verbrachte ich beim Wandern in den

Bergen um Luzern. Am nächsten Tag sagte Moyse: „Sie waren gestern nicht hier?" „Ich habe nachgedacht," antwortete ich. „Gut," lautete sein Kommentar. Es gab für mich in diesem ersten Jahr einige Überraschungen. Zum Beispiel als ich Paula Robison, die im Jahr zuvor mit Moyse studiert hatte, einige Fragen stellte.

„Welche Art von Übungen, Tonleitern, Etüden usw. hast Du im vergangenen Jahr mit Moyse gearbeitet?"

„Keine," sagte sie, „nur das 'Melodienbuch.'"

„Ja wirklich? Aber als Du damit durch warst, was dann?"

„Dann haben wir wieder von vorne angefangen."

Ich begriff die Idee, die dahintersteckt, nicht und dachte, es sei ein bißchen einfältig. Warum sollte man diese kindischen Melodien wiederholen? Warum wurde nichts anderes an Tonleitern, Etüden, Orchesterstudien oder aus dem gängigen Flötenrepertoire gespielt? Später erkannte ich, daß Moyse durch seine Methode erreichen wollte, daß die Musik, die normalerweise schnell zu spielen ist, genauso ausdrucksvoll klingt wie langsame Musik. Wir müssen die Modulationsfähigkeit des Tones oder die 'Atmosphäre' langsamer Melodien üben, um in der Lage zu sein, schnellere Stücke musikalisch genauso zu spielen.

„Die Leute behaupten, Taffanels Musik sei schlecht. Tatsächlich fehlt den Leuten die Intelligenz, sie zu verstehen." (Moyse)

Im Lauf der Zeit erkannte ich auch, daß die Bravoursoli des 19. Jahrhunderts, die bisher eher Übestoff als ernste Konzertstücke gewesen waren, genauso interessant sind wie die Musik des 18. Jahrhunderts oder das französische Repertoire. Wir lernten, daß es bei Doppler und Dersseman ebensoviele Regeln und Konventionen gab wie bei den Komponisten der Klassik und bei Barockmusik. Wir begriffen, daß die Bravoursoli ihren eigenen Stil haben. Moyse konnte einem auf diesem Gebiet des Flötenrepertoires wirklich die Augen öffnen. *„Spielt sie zuerst – lacht hinterher."* Um sie überzeugend zu spielen, die Gratwanderung zwischen Langeweile und Extravaganz zu schaffen, braucht es Talent und sehr viel Arbeit. Moyse konnte einem die Musik von Tulou und anderen Komponisten besonders nahebringen.

Abb. 81 „Go to der Top"
Moyse in Boswil,
ca. 1974 (Photo: T. Wye)

Die Inspiration seines Unterrichtes

„Ich trage sein Bild in mir, das mich immer inspiriert." (Graf)

Moyses geschichtliche Bedeutung ist unumstritten. Der Verfasser glaubt, daß sich diejenigen irren, die René le Roy als den großen französischen Flötisten der ersten Hälfte dieses Jahrhunderts favorisieren. René le Roy war ein vorzüglicher Flötist, aber er hatte nicht die Klasse von Moyse. Viele halten Gaubert für einen besseren Flötisten als Moyse. Es gibt tatsächlich einige sehr schöne Aufnahmen. Dennoch nimmt Moyse wirklich eine Sonderstellung ein. Er war der erste, der ein System, eine Schule, eine Ordnung intelligenten Übens festschrieb, und er untermauerte es durch viele schöne Beispiele von Aufnahmen. Man erinnere sich an die, die darüber geschrieben haben, wie sie beim ersten Hören seines großartig singenden Flötentones betroffen waren. Niemals zuvor hatten sie einen Klang wie diesen gehört.

„Was ich Euch sage ist nicht spitzfindig. Es ist die Wahrheit!" (Moyse)

Und schließlich sollten wir den großen Einfluß auf das Flötenspiel betrachten, den er durch sein Lehren und seine besondere Gabe der Kommunikation und Inspiration ausgeübt hat. Auch wenn seine Hefte in Zukunft von Flötisten studiert und von Historikern besprochen werden, wird doch, obwohl nur einige unzureichende Filmdokumente als Beweis existieren, der eigene Unterricht als seine größte Gabe in Erinnerung bleiben. Die Leser werden sich auf die Aussagen seiner Schüler verlassen müssen und ihrer Versicherung Beachtung schenken, daß er ein wirklich bemerkenswerter Mensch und außergewöhnlicher Lehrer war.

„Zuerst möchte ich seine starke Persönlichkeit unterstreichen. Er war jemand, der die Dinge auf eine sehr persönliche, individuelle Art ausdrücken konnte – überzeugender, als andere es können. Er schenkte dem Flötenspiel allgemein etwas Besonderes, weil er den ständigen Drang verspürte, sich selbst musikalisch auszudrücken – nicht nur, gut Flöte zu spielen, sondern musikalische Vorstellungen zu vermitteln. Er war besessen vom Ausdruck, und wenn ich seine Platten höre, habe ich das Gefühl, daß es ihm nie darum ging, einfach nur gut zu spielen, sondern daß er immer mit dem fanatischen Drang spielte, musikalische Gefühle auszudrücken. Ich glaube nicht, daß er viel Neues in die Musik eingebracht hat. Meiner Meinung nach setzte er die Tradition der französischen Flötisten fort, die ver-

Abb. 82 Büste; Geschenk für Moyse zum 80. Geburtstag (Photo: T. Wye)

sucht hatten, aus der Flöte ein wirklich ausdrucksvolles Instrument zu machen. Seine Kraft und Charakterstärke machten ihn zu einem außergewöhnlichen Menschen. Ich denke heute sehr oft an Moyse und seine Auffassungen...ich trage dieses Bild in mir, das mich immer inspiriert." (Graf)

Moyse hegte den Wunsch, daß das Vermächtnis Paul Taffanels nach seinem Tod weitergeführt würde. Er wünschte sich einen Nachfolger, der das, was er unter der französischen Tradition verstand und was bis zu Tulou zurückreicht, weiterführen würde.

Was ist die französische Schule?

Die Antwort darauf hängt vom Blickwinkel ab. Normalerweise würde der durchschnittliche Flötenspieler darauf antworten, daß es Flötenspiel in der Art der französischen Meister der Flöte vom Beginn unseres Jahrhunderts bis heute ist.

Moyse bedeutete in mehr als einem Bereich etwas noch Spezielleres: Er etablierte eine einsichtige Studienmethode, die zu einer musikalisch vollständig zufriedenstellenden Darbietung führt und immer den unter großen Mühen niedergelegten Willen des Komponisten berücksichtigt.

Es gibt keinen Zweifel, daß Taffanel der Begründer der französischen Schule war. Andererseits gilt der Vorgänger von Taffanel, Altes, der eine systematische Art vermittelte, an das Flötenspiel heranzugehen, nicht als gleichbedeutend.

Wie in „The French Flute School: 1850-1950" von Claude Dorgeuille dargelegt und von anderen bestätigt wird, setzten die bedeutenden Spieler und einflußreichen Lehrer, die Taffanels Schüler gewesen waren, die Tradition überhaupt nicht fort. Barrère war sehr zurückhaltend mit Hilfestellungen, und sein Unterricht bestand hauptsächlich aus Anekdoten, obwohl sein Vorspiel inspirierend gewesen sein muß. Laurent erklärte und analysierte wenig, und darüber hinaus hatten seine Schüler ziemliche Angst, etwas zu fragen, weil sie befürchteten, als untalentiert zu gelten.

Ganz sicher war das in Taffanels Klasse nicht so.

Sicher unterrichteten Barrère und Laurent begabte Studenten, die ihrerseits einflußreiche Lehrer wurden und den Beginn der Amerikanischen Flötenschule darstellten – aber es war nicht „Die Französische Schule" à la Taffanel, via Moyse.

Von den noch verbleibenden französischen Flötisten war Hennebains, selbst sehr stark von Taffanel geprägt, einer der Lehrer von Moyse. Er unterrichtete unter anderen auch René le Roy und Joseph Rampal. Joseph Rampal war ein wichtiger Lehrer, aber er stand wahrscheinlich nicht in der Tradition von Taffanel. Bleibt also nur René le Roy.

Abb. 83 Moyse auf der Höhe seines Ruhms

Zweifellos war er auf seine Art und mit seiner eigenen Methode ein einflußreicher Lehrer. Soweit man das überhaupt beweisen kann, benutzte keiner dieser Lehrer und Flötisten so einfache Ideen wie: unbedingter Respekt vor dem, was der Komponist geschrieben hat und „spielt die Musik, nicht Flöte". Der Verfasser ist sicher, daß sie diese Prinzipien zusammen mit all den anderen Vorstellungen, die sie selbst vom Musizieren hatten, lehrten, aber vielleicht nicht mit der aufrichtigen Unerbittlichkeit, die Moyses Antrieb war.

Moyse war derjenige, der Taffanel im Unterricht und mit Blick auf die Ergebnisse bei den Studenten am meisten ähnelte.

Ein junger Flötist könnte für sich in Anspruch nehmen, er habe mit Herrn XY studiert, der wiederum bei Moyse studiert habe, der bei Taffanel studiert habe, usw. usw....der bei Dorus (geboren 1786) studiert habe, und Dorus habe viele bedeutende Komponisten selbst gekannt, und deswegen stehe er – der junge Flötist – in der französischen „Tradition"! Die Tradition aber blieb nicht unverändert. Jede Generation hat die „Tradition" gefärbt und ein wenig geändert – jede auf ihre Weise, bis man die Tradition nicht wiedererkennen konnte. Die Regeln der musikalischen Phrasierung, Beachten des Schwerpunktes auf der Eins des Taktes und einige andere einfache Tatsachen gelten für alle Instrumente. Diese Regeln sind nicht wirklich Teil einer Tradition; sie sind Teil des gesunden Menschenverstandes. Moyse versuchte, eine auf Verstand und Einsicht beruhende Annäherung an das Musizieren zu schaffen, die damit beginnt, die Wiedergabe dessen zu üben, was der Komponist geschrieben hat; oder wenigstens das wiederzugeben, von dem der Spieler glaubt, daß es der Komponist in seiner Partitur gemeint haben könnte. Nur zu häufig hatte Moyse mit Studenten zu tun, die das spielten, was sie persönlich dachten und fühlten und nicht, was der Komponist schwarz auf weiß niedergelegt hatte. Diese Flötisten hatte man angeleitet, sich selbst auszudrücken und nicht die Musik, in Moyses Augen und Ohren ein Fall von falscher Führung.

Abb. 84 Rachel Brown, Dot Wye and Moyse bei seinem letzten Besuch in St. Amour, 1983 (Photo: T. Wye)

Häufig hört man den ersten Takt von Debussys „Syrinx" in vier Schlägen, und das Erscheinen des zweiten Gedankens wird in zwei Schlägen gespielt. Diese Art unmusikalischen Denkens verwirrte Moyse, wenn auch, wie es James Webster ausdrückt, *„die Partitur die Wahrheit und nichts als die Wahrheit enthält – aber nicht die ganze Wahrheit."*[2] Wenn wir Platten von Gaubert anhören, auf denen er seine eigene Musik interpretiert, stellen wir fest, daß er eine Phrase nicht immer so spielt, wie sie geschrieben ist. Wir müssen die Frage stellen, ob es überhaupt möglich wäre, eindeutig niederzuschreiben, was er spielt?

„Spiel nicht so, weil ich es von Dir verlange, sondern weil Du es liebst, so zu spielen."
(Moyse)

Moyse schuf keine „Tradition", aber er baute ganz sicher auf Taffanels Vermächtnis auf. Vielleicht wird eine Tradition manchmal erfunden, um die eigenen Grundsätze des Lehrens zu rechtfertigen. Wie auch immer, es gibt noch immer eine blühende Französische Schule, die sich durch einen schönen Ton, fantastische Artikulation, saubere Fingertechnik und etwas Flammendes in der Interpretation und Darbietung auszeichnet, aber, es muß gesagt werden, auch durch wenig Interesse an der Intonation.

Seit Moyse – alle Professoren des Conservatoire waren außergewöhnliche Künstler – ist es anerkanntermaßen Jean-Pierre Rampal, dessen Freundlichkeit, Großzügigkeit, dessen Aufnahmen und Konzertauftritte Tausende junger Flötisten inspiriert haben. Glücklicherweise setzt sich diese besondere Tradition heute fort. Möge sie lange anhalten. Und wir alle sollten uns voller Dankbarkeit daran erinnern, daß die großen französischen Flötisten des letzten Jahrhunderts die Komponisten angeregt haben, das Repertoire, von dem wir heute so abhängig sind, zu komponieren.

Abb. 85 Moyse in St. Amour, 1982 (Photo: T. Wye)

Viele Flötisten, die bei Moyse studierten, lernten, mit seinem unvernünftigen Benehmen umzugehen. Sie beachteten die negativen Seiten nicht, und viele akzeptierten es, von ihm verletzt zu werden. Er gab eben soviel Positives, daß es leicht war, ihm zu verzeihen. Dot Wye, die Frau des Verfassers, die Moyse anläßlich zweier Aufenthalte bei den Wyes während der Sommerkurse in Canterbury ziemlich gut kennenlernte, sagte über ihn: „Er war immer liebenswürdig zu mir. Vielleicht war er immer freundlich, charmant und niemals böse, weil ich keine Flötistin bin und nichts von ihm wollte."

Nach und nach werden diejenigen, die Moyse persönlich gekannt haben, verschwinden, und die einzigen Informationsquellen über ihn werden seine Hefte, seine Platten, stark verfälschte und oftmals ungenaue Erinnerungen in Zeitschriftenaufsätzen – häufig von Personen verfaßt, die ihn niemals kennengelernt haben – und dieses Buch sein. Möge dieses Buch als Darstellung seiner Eigentümlichkeiten und Persönlichkeitsmerkmale, so wie sie seine Freunde sahen, dienen. Der Verfasser ist sich sicher, daß Moyses Exzentrik die Grundsubstanz seines Wesens darstellte und untrennbar mit seinem Erfolg verbunden ist.

Es genügt nicht, jemanden wegen seiner bloßen Existenz anzubeten, oder weil er eben verehrt wird. Viel wichtiger ist, ihn so zu akzeptieren wie er ist, mit all seinen Fehlern.

Viele Geschichten über Moyse bleiben unerzählt, aber der Verfasser hegt die Hoffnung, daß der Leser genügend wichtige Kleinigkeiten und flüchtige persönliche Eindrücke in diesem Buch erhält, um sich seine eigene Meinung über Moyse zu bilden.

Einmal, als er meine Gereiztheit spürte, fragte er in Canterbury: „Bin ich schwierig?" „Ja," antwortete ich.

„Gibt es im Englischen dafür ein bestimmtes Wort?" fragte er.

„Ja," antwortete ich, „Cantankerous. (streitsüchtig; d.Ü.)"

„Ah." Er ließ sich das Wort einen Augenblick lang auf der Zunge zergehen.

„Yes," sagte er stolz, „I AM cantankerous!"

Er war oft 'cantankerous', aber ich hatte nie Schwierigkeiten, ihm zu verzeihen.

Ich hoffe, Ihnen geht es ähnlich.

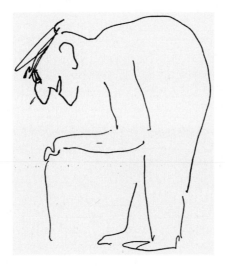

Abb. 86 Moyse 1983, Zeichnung von William Bennet

Fußnoten zu Kapitel 6

1. Diese enge Familienfreundschaft löste in der Folge in Paris unbewiesene Gerüchte über Moyse und Madame Delbos aus. Wie auch immer, viele sagen: „Wen kümmert's...". Geschwätz war schon immer faszinierender als Tatsachen.

2. Richard Taruskin: „Tradition and Authority"; Early Music, Bd. 20, Nr. 2 (Mai 1992); Seite 318

Anhang 1

Zitate von Moyse

Unter denen, die Moyse kannten, sind seine Aussprüche bekannt. Durch sie wird die Erinnerung an seine Klassen lebendig bleiben. Er sprach ein besonderes Englisch, gewürzt mit französischen Ausdrücken – eine Mischung aus beiden Sprachen, und er benutzte häufig englische Worte mit französischer Aussprache. Die Zitate wurden zunächst anglisiert, um sie verständlicher zu machen (und anschließend ins Deutsche übertragen. d.Ü.). Die ihn kannten, mögen diese Bearbeitung entschuldigen.

Die Lippen zu verändern, um in den verschiedenen Lagen zu spielen, ist wie wenn ein Pianist den Stuhl verschiebt, um die tiefen Töne zu spielen.

Du wirst krank werden, wenn Du das Cis weiter so spielst!

Ich kaufte mir eine Aufnahme Rubinsteins mit den Chopin Nocturnes und versuchte, so Flöte zu spielen wie er Klavier spielte.

Ich habe die Mozart Konzerte 50mal gespielt – ich übe das Konzert vielleicht eine Stunde vorher, aber ich arbeite an vielen Übungen.

Wenn ich zu einem Mädchen sage: 'Du bist wunderschön,' und bewege dabei einen Spiegel vor ihrem Gesicht, kann sie nicht sehen, wie schön sie ist. Wenn ich den Spiegel ruhig halte, kann sie es sehen. So verhält es sich mit dem Vibrato.

Wenn man nicht mehr crescendieren kann, gibt man statt dessen einen Akzent.

Honegger begutachtete eines Tages ein Flötenstück und sagte: 'Dieses Stück ist nicht im Gleichgewicht. Wenn der Komponist so ein Fahrrad gebaut hätte, würde er sich seine Nase brechen.' Brecht Euch nicht Eure Nasen beim Flötespielen.

Wenn Du Dich verspielt hast, beginne immer am Anfang der Phrase.

Wenn Deine Lippen einen schlechten Tag haben, leg' die Flöte in ihr Bett und geh' selbst zu Bett.

Alors, Du hast einen Goldkopf? Ja? Nun, ich möchte, daß Dein Ton auch so klingt!

Beim Spielen einer Melodie mußt Du, so wie eine Melodie durch den Text ausdrucksvoll wird, mit der Klangfarbe ausdrucksvoll umgehen – nicht mit der Lautstärkenuance oder dem Vibrato.

Verändere nicht die Farbe innerhalb einer Phrase nur weil es leicht ist. Behalte die Farbe am Beginn einer neuen Phrase.

Das morgendliche Einspielen funktioniert wie die Fühler einer Schnecke. Wenn Du etwas zu Schwieriges versuchst werden die Fühler der Schnecke verschwinden und – poof – nichts geht mehr! Mit den Lippen verhält es sich genauso.

Wenn Du Deine Lippen bewegst, kannst Du Dir nie sicher sein, die nächste Note zu erreichen.

Wenn Du der Note ein wenig Leben geben willst, spiel sie immer mit der Zunge außen.

Ich übe die hohe Lage nie; meine Lippen werden dabei zu fest. Deswegen übe ich nur die erste Oktave und bin später am Tag in der Lage, ohne Anstrengung in der Höhe zu spielen.

Zu einem Studenten mit Atemproblemen: Deine Atemtechnik interessiert mich nicht. Ich kann hier nichts dafür tun – wir arbeiten in dieser Klasse nicht an Deinem Brustkasten, sondern an der Flöte.

Beim Üben einer Etüde geht es darum, das Bestmögliche zu erreichen.

Es ist besser, dem Schüler die Übung vorzuspielen, damit er nicht zu viele Fehler macht, die später nur schwer zu korrigieren sind.

Wenn der Komponist an einer Note besonders interessiert ist, fügt er eine Verzierung hinzu, um sie hervorzuheben.

Diese alten Soli aus dem 19. Jahrhundert sind nicht wie Boxen, sondern wie Fechten – elegant!

Wenn ich sterbe, möchte ich eine Tradition für die Flötisten hinterlassen: Den Respekt vor der Musik.

Mehr als alle anderen Flötisten bewundere ich Taffanel – er war ein großartiger Flötist und Musiker und eine große Persönlichkeit. Ich werde niemals wie Taffanel spielen können, aber ich versuche es immer. Wenn ich spiele denke ich oft, Taffanel sitzt neben mir.

Die Leute fragen mich: 'Warum spielen Sie nicht wie Taffanel, wenn Sie ihn so schätzen?' Ich versuche es – aber es gelingt mir nicht.

Flöte lernt man mit den Ohren und dem Gehirn – nicht mit der Zunge, den Lippen und den Fingern.

Der Akzent in der Synkope ist nicht meine Regel, es ist die Regel des Lebens.

Nachdem ich Kreisler gehört hatte, übte ich sechs Monate lang am Violinkonzert von Beethoven, um herauszufinden, was davon auf der Flöte möglich ist.

Man muß die Atmungen üben wie den Notentext.

Wenn Du mit Vibrato spielst, gibt es keine Synkope.

Du hast dieses Stück gespielt, wie wenn jemand auf nasses Zigarettenpapier malt.

Du mußt Dein Cis in einem Kramladen gekauft haben.

Als ich ein junger Mann war, ging es mir gesundheitlich nicht besonders gut. Ich stand gewöhnlich um fünf Uhr auf, um eine Radtour zu unternehmen. Häufig hielt ich an einem Gasthaus an, um ein Glas Bier und etwas Käse zu mir zu nehmen. An einen Morgen erinnere ich mich besonders gut. Ich hielt an einem Gasthaus, öffnete die Tür; der Raum lag in dunklem Schatten außer einem Streifen Sonnenlicht, der durch eines der angelehnten Fenster drang. Ich hatte keine Eile, und der Besitzer, ein Schmied, hämmerte irgendwo weiter hinten, so daß ich nicht nach ihm rief; ich saß nur da und horchte auf die große Standuhr in der Ecke, die mit ihrem Ticken ein kleines Stückchen Ewigkeit verstreichen ließ. An dieses Bild denke ich immer, wenn ich das „Largo e Dolce" aus der h-Moll Sonate von Bach spiele.

Ich bin kein Musikwissenschaftler. Ich kenne mich nicht mit Vivaldi, Monteverdi und anderen aus. Ich analysiere Musik instinktiv und gefühlsmäßig.

In Deutschland gibt es viele Leute, die ihre Zeit damit zubringen, Bach zu analysieren und sich zu fragen: 'Ist dies ein Doppelschlag, ein Triller oder irgendetwas anderes?' Für mich wird Musik durch das Leben lebendig und nicht durch die Musikwissenschaft.

Wenn ich bei Kursen nach bestimmten Noten frage, denkt vielleicht manch einer: 'Oh, er will sicher die Dauer der Note wissen.' Nein, es geht nicht um die Länge der Note, sondern um die Wirkung der Länge.

Dein Staccato ist wie Nudeln – naß und schlaff.

Wenn Dich nur einer von 100 versteht, ist es schon genug.

Man sollte an der Artikulation mit guten Geigern arbeiten – sie verstehen etwas davon.

Spiel Deinen Vorhalt bei Bach mit Liebe.

Einige französische Bauern diskutierten über den neuen Arzt, und einer sagte, er würde ihn ausprobieren. 'Herr Doktor, ich habe Magenschmerzen – manchmal sind sie oben und manchmal weiter unten.' Der Arzt merkte, daß sein Patient einen Scherz machen wollte und sagte: 'Sie haben Blähungen – aber das Gas weiß nicht, wo es hinaus soll, weil Ihr Gesicht aussieht wie Ihr Hinterteil.'

Spiel nicht so, weil ich Dich darum bitte, sondern weil Du es liebst, so zu spielen.

Manche Flötisten spielen schnell, wenn sie nichts zu sagen haben. Ich möchte dagegen eher verweilen, wenn Musik schön ist.

Wenn Du die Noten miteinander verbindest wie ein Klempner Rohre verbindet, wirst Du nur etwas Wasser für deine Küche bekommen.

Die Leute behaupten, Taffanels Musik sei hohl und schlecht. Die Intelligenz der Leute ist hohl, weil Sie kein Verständnis dafür haben.

Wenn Du Dein Publikum nicht küßt, wird es Dich auch nicht küssen.

Vergeßt nicht, die Flöte ist arm an Dramatik.

Für mich ist die Flöte eine Festung. Schrecklich, nicht? Aber es gibt bei jeder noch so uneinnehmbaren Festung ein Hintertürchen, durch das man hineinkommt.

Blas nicht einfach in die Flöte – gib ihr Deinen warmen Atem.

Ich verachte den Flötisten, der seinem Schüler sagt: 'Spiel diese Note leiser.' Der Schüler wird zwar leiser spielen, aber nicht verstehen, warum.

Du versuchst, einen Effekt zu erzeugen. Nein – Du mußt es fühlen.

Wenn Du atmest, kann ich das akzeptieren, aber wenn Du dabei die Musik unterbrichst, kann ich es nicht akzeptieren.

Diese Musik (19. Jahrhundert) muß mit Gefühl gespielt werden, nicht zu kopfgesteuert.

Stell nicht Dein Temperament zur Schau, sondern zeig das Temperament der Musik.

Spiel keine unnötigen Crescendi und Diminuendi. Sie stammen noch aus der Zeit, als Holzbläser glaubten, keine anderen Möglichkeiten zu haben.

Wenn die Begleitung in rhythmischen Achteln läuft, wie in den langsamen Sätzen der Mozart-Konzerte, scheint Mozart zu sagen: 'Meine Melodie ist wunderschön. Zerstöre sie nicht. Bleib im Rhythmus.'

Es gibt bei Bach keine Echostellen. Spiel diese Musik auf natürliche Art und Weise.

Wenn Du die Melodie zerstörst, brichst Du Dir sicher das Genick.

Über Demersseman: Du kannst über diese Musik lachen – aber zuerst mußt Du sie spielen.

Die Finger bedeuten fast gar nichts. Die wirkliche Technik der Flöte liegt in den Lippen und im Umgang mit der Klangfarbe.

Wenn Leute mit mir über Improvisation in der Musik des 18. Jahrhunderts reden, höre ich zu, verstehe, will es aber eigentlich gar nicht wissen. Ich habe an anderer Musik mehr Freude.

Wenn einem das Vibrato bei einem Flötisten auffällt, ist es zu stark. Zu viel Vibrato läßt die Flöte meiner Meinung nach betrunken klingen.

98 von 100 Flötisten spielen nicht Musik, sondern Flöte. Sie kümmern sich nicht um den Zuhörer, sondern nur um ihren schönen Ton.

Wenn Du Melodien spielst, denk an Übungen. Wenn Du Übungen spielst, denk an Melodien. Ich ziehe eine schön gespielte Melodie allemal einer fantastischen Technik vor.

Wenn Du wirklich leise spielen willst, versuch den Schatten des Klanges zu erzeugen – nicht den Klang selbst.

Über Bach: Ich bin mir nicht sicher, daß ich Recht habe, aber ich weiß, daß Du im Unrecht bist.

Warum spielst Du jede Achtel mit Vibrato? Sie sind doch durch ihre Bewegung schon ausdrucksvoll.

Wenn Deine Lippen gut funktionieren, spiel die Phrase noch einmal in einer anderen Nuance.

Wenn Du Bach übst, beginne mit zwei oder drei Tönen, dann mehr und mehr; dann einige Takte und schließlich die ganze Phrase. Nach einer Stunde wirst Du zufrieden sein! Alors! Am nächsten Tag spielst Du es wieder – und es ist schlechter!

Du spielst wie im Krankenhaus.

Ich kann nicht verstehen, wie ein Musiker auf einer Achtelnote verweilen kann, ohne ausdrucksvoll zu werden.

Wenn Du atmen willst, verbreitere die Stelle auch im Ausdruck.

Bei dieser Musik (Tulou) versuche ich, Tulou zu liebkosen. Er ist jetzt weit weg im Paradies, aber ich versuche, ihn zu erreichen.

Taffanel sagte zu mir: Dein F und E sind zu tief und das A zu hoch. Taffanel wußte, daß die Flöte zu lang war!

Du spielst wie eine Schnecke.

Wenn man sich mit der Flöte nach oben bewegt, muß der Ton rund werden, nicht wie eine Giraffe.

Damals (20er Jahre) machte man Musik. Heute verkauft man Musik.

Nimm beim Frühstück immer ein Metronom zu dir.

Spiel die Phrase wie beim Bergsteigen. Du gehst, kommst zurück, gehst, kommst zurück. Du gehst und kommst nicht wieder zurück, weil Du den Gipfel erreicht hast.

Wenn Du eine Tonübung spielst, denk an Debussy. Wenn Du Debussy spielst, denk an eine Tonübung.

Die Flöte ist eine Königin. Eine schwache, aber reiche Königin.

Was ich Dir sage, ist nicht spitzfindig – es ist die Wahrheit.

Der Flötist sollte sich nach der Baßlinie richten, nicht der Baß nach dem Flötisten.

Ich habe nie versucht, wie Marcel Moyse zu spielen. Ich bin stolz darauf, sagen zu können, daß ich immer versucht habe, wie meine Lehrer zu spielen.

Als Ravel zur Tonleiter am Anfang des Daphnis-Solos gefragt wurde, ob es E oder Eis sei, antwortete er: 'Es ist mir egal! Für mich ist das alles das gleiche.'

Vibrato? Ihr braucht Glanz auf der Note – wie Zucker auf Erdbeeren oder Tau auf einem Blatt.

Spiel wie ein Pilger, der zum Papst sagt: 'Vergib uns – wir sind Sünder.' Nicht: 'Wenn Du uns nicht gibst, was wir wollen, brechen wir Dir das Genick.'

Warum hat der Komponist einen Vorhalt geschrieben? Weil er die Note besonders mochte – wie wenn man eine Blume ins Fenster stellt.

Von Hennebains spreche ich immer als Papa Hennebains – ein netter Mensch und großer Flötist. Taffanel hatte einen großen Ton.

Musik ist Freude, nicht Selbstmord.

Ich spiele nicht im französischen, deutschen, englischen oder amerikanischen Stil. Ich versuche, die Musik zu spielen und all das, was der Komponist verlangt.

„Wenn ich sterbe, möchte ich eine Tradition
für die Flötisten hinterlassen:
Den Respekt vor der Musik."

Abb. 87 Zitat von Moyse

Anhang 2

Bibliographie des von Moyse verfaßten Schrifttums

Originale Etüden und Übungen

Le Debutant Flutiste (1935)

De la Sonorité (1934)

Gammes et Arpèges–480 Übungen (1933)

Exercices Journaliers (1923)

Mécanisme–Chromatisme (1928)

École de l'Articulation (1928)

Études et Exercices Techniques 1921)

20 Exercices et Études sur les Grandes Liaisons (1935)

24 Petites Études Mélodiques avec Variations

25 Études Mélodiques avec Variations (1932)

48 Études de Virtuosité, 2 Bände (1933)

Etüden nach Werken anderer Komponisten

A: Original für Flöte verfaßte Etüden, bearbeitet oder herausgegeben von Moyse:

Berbiguier: 18 Exercices ou Études (1949)
Grandes Études Charactéristiques (1949)

Boehm: 12 Études (1949)
24 Caprices Études op. 26 (1949)

Demersseman: 50 Études Mélodiques op. 4 (1937)

Fürstenau:	Bouquet de Tons op. 125 (1952)
	Exercices op. 15 (1945)
	26 Exercices ou Études op. 107 (1949)
	6 Grandes Études (1949)

Soussman: 24 Études Journaliers op. 53 (1949)

B: Ursprünglich für andere Instrumente verfaßte Etüden

12 Études de Grande Virtuosité d'après Chopin (1929)
100 Études Faciles et Progressives d'après Cramer (1933)
25 Études d'après Kessler (1935)
20 Études d'après Kreutzer (1929)
10 Études d'après Wieniawsky (1935)

Alle obigen verlegt bei Alphonse Leduc, Paris.

Originale Hefte und Sammlungen

Tone Development Through Interpretation (McGinnis & Marx), 1962, [Melodienbuch]

50 Variations on the Allemande of Bach from Sonata for Flute Alone
 [Bach: a-Moll Partita] (McGinnis & Marx), 1964

The Golden Age of the Flutists (Moyse), 1964

Technical Mastery for the Virtuoso Flutist (Moyse), 1965

The Flute and Its Problems – Tone Development Through Interpretation (Muramatsu), 1973
            Band 1: How I Stayed in Shape
            Band 2: How to Practise; How to Teach

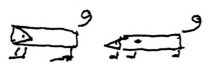

Abb. 88 Zeichnung, von Moyse angefertigt

Anhang 3

Diskographie

Mehr als eine Zahl hinter dem Titel weist auf verschiedene Ausgaben derselben Aufnahme hin.

Ein Schrägstrich zeigt an, daß es sich um mehr als eine Platte handelt; 441\2 bedeutet zum Beispiel 441 und 442.

M99 ist bei Muramatsu auch als Platte Nr.1 und M101 als Platte Nr.2 veröffentlicht.

Die Aufstellung beinhaltet da, wo es angemessen erschien, auch nähere Informationen zu den Neuauflagen von LPs; zur Bequemlichkeit wurden diese Neuauflagen nach der Liste mit 78er Platten extra aufgeführt.

Ziffern in Klammern beziehen sich auf die Neuauflage der LP.

'French H.M.V.': Diese Firma benutzte den Namen 'La Voix de son Maitre'. Streng genommen hieß sie bis 1947 'The Grammophone Company'.

Bach:	**2. Brandenburgisches Konzert;** mit George Eskdale (Trompete), Evelyn Rothwell (Oboe), Adolf Busch (Geige) & Busch Chamber Players unter der Leitung von Adolf Busch. Columbia LX 439/40; American Col. 68437\8D. (9)
	4. Brandenburgisches Konzert; mit Louis Moyse (2. Flöte), Adolf Busch (Geige) & Busch Chamber Players unter der Leitung von Adolf Busch. Columbia LX 441\2; American Col. 68440\1D (9)
	5. Brandenburgisches Konzert; mit Adolf Busch (Geige), Rudolf Serkin (Klavier) & Busch Chamber Players unter der Leitung von Adolf Busch. Columbia LX 444\6; American Col. 68442\4D; Columbia Masterworks CM 249\50. (9)
	Partita in a-Moll; nur die Sarabande. French Columbia DF 1801; American Columbia 17066.
	Orchestersuite Nr. 2 in h-Moll; nur Polonaise und Badinerie; mit Georges Truc (Klavier). French Columbia D 19088.
	Triosonate G-Dur BWV 1038; (Trio Moyse). HMV Frankreich HMV DB 5076; Victor 13591; HMV Australien HMV ED 431. (2)
	Triosonate G-Dur BWV 1038; (Trio Moyse). HMV C 3671
Bate, Stanley:	**Sonate für Flöte und Klavier;** mit Louis Moyse (Klavier). L'Oiseau-Lyre OL 25\26. (12)
Beethoven:	**Serenade op. 25;** Sätze 1,2,4 und 6; mit Marcel Darrieux (Geige) & Pierre Pasquier (Bratsche); Decca K 582\3; Ameri. 25592\3. (10) & (14)
	Trio; mit Fernand Oubradous (Fagott) & Noel Gallon (Klavier); L'Oiseau-Lyre OL 81\2. (10)

Berlioz: **Trio des Jeunes Israèlites,** (aus „L'Enfance du Christ"); mit Albert Manouvrier (2. Flöte) & Lily Laskine (Harfe); Decca TF 139; American Decca G-25750.

Trio; mit Louis Moyse (2. Flöte) & Lily Laskine (Harfe); Col.D25750

Menuett, (aus „L'Arlésienne"); mit Klavier; French HMV K 5165. (12)

Bizet: **Entr'acte,** (aus Carmen); L'Orchestre Symphonique de Paris unter der Leitung von Elie Cohen. Columbia 9535. N.B; (1). French Columbia D 14230. Moyse erinnerte sich nicht daran, diese Aufnahme gemacht zu haben. Beim Rest der Oper handelt es sich nicht um Moyse. Der Verfasser ist sich, zusammen mit anderen, sicher, daß es sich um Moyse handelt. Es war ein überwiegend junges Orchester, und Cortet hatte die Position des Soloflötisten inne. Louis Moyse bezweifelt sehr, daß sein Vater mit diesem Orchester gespielt haben würde, und ebenso, daß Cortet ihn gefragt haben würde. Moyse spielte auf beiden Aufnahmen des 'Reigens seliger Geister' mit diesem Orchester. Die Anfangsbuchstaben des Orchesters, O.S.P. wurden spaßeshalber mit „Orchestre sans Prudeur" (Orchester ohne Anstand) übersetzt.

Blavet: **Sonate d-Moll,** 'La Vibray'; mit Pauline Aubert (Cembalo). L'Anthologie Sonore 9. (11)

Boehm: **Variations Brilliantes sur un Air Suisse,** mit Louis Moyse (Klavier). Odeon 165.854.

Borne: **Carmen-Fantasie;** mit Klavier. Odeon 165.855. (12)

Cimarosa: **Konzert G-Dur** für zwei Flöten und Orchester, (bearbeitet von Louis Moyse); mit Louis Moyse (2. Flöte) & dem Lamoureux-Orchester unter der Leitung von Eugène Bigot. French HMV SL 131\2 (die Kadenzen im ersten und dritten Satz stammen von Louis Moyse).

Couperin: **Le Rossignol en Amour;** mit Louis Moyse (Klavier). Columbia DB 1645; Columbia DO 1607 (Australien). (1)

Debussy: **Prélude à l'Après-midi d'un Faune;** Walther Straram Orchester von Paris unter der Leitung von Walther Straram. Columbia DX 279; French Columbia LFX 30; American Col. 68010D.

dito; mit einem Sinfonieorchester unter der Leitung von Pierre Coppola. French HMV W-1150.

Sonate für Flöte, Bratsche und Harfe; mit Alice Merckel (Bratsche) & Lily Laskine (Harfe). French HMV L 1066\7; Victor Masterworks Set M-873; Victor 11810\1. (15)

dito; mit Ginot (Bratsche) & Lily Laskine (Harfe). Odeon 165.243/5; American Decca 20085\7. (13)

Syrinx; French Columbia D 19056. (1)

Decruck, F.:   **Melodie 'Le Sablier';** Text von Gräfin Tolstoi; mit Alice Lumbroso (Gesang) & Lily Laskine (Harfe); ein Orchester unter der Leitung von Georges Dervaux. Etoile 11233.

Donizetti: **Wahnsinnsszene' aus Lucia di Lammermoor;** obligate Partie zu Yvonne Brothier (Sopran) mit Orchester. French HMV W-966.

Doppler: **Ungarische Pastoralfantasie;** mit Louis Moyse (Klavier). Columbia DB 1630/1; Australia Col. Do 1568\9. (1)

dito; nur 6/8-Passage; mit Klavier. Odeon 165.854.

Drigo: **Les Millions d'Arlequin- Serenade;** mit Louis Moyse (Klavier). Columbia DP 1617; Australia DO 1692. (1) &(13)

Dvořàk: **Humoreske; op. 101, Nr. 7;** in einem Arrangement von Kreisler; mit Louis Moyse (Klavier). Columbia DB 1617; Australia DO 1692. (1) & (13)

de Falla: **Cembalokonzert;** mit Manuel de Falla (Cembalo), Bonneau (Oboe), Godeau (Klarinette), Marcel Darrieux (Geige) und Cruque (Cello). French Columbia LFX 92\3; American Columbia 67922\3D, (16); Argentine Columbia 266017\8.

Ferroud: **Trois Pièces für Flöte solo:** Bergère Captive, Jade und Toan-Yan. French Col.DFX 194; Ameri.Col. 68433D. (11)

Gaubert: **Madrigal;** mit Louis Moyse (Klavier). Odeon 165.855. (12)

Nocturne et Allegro Scherzando; mit dem dänischen Radiosinfonieorchester unter der Leitung von Paul Paray. Danacord (LP) DACO 135.

Gennaro: **Aubade Printanière;** mit Louis Moyse (2. Flöte) & Blanche Honegger-Moyse (Geige). French HMV SK.106. (3) & (11)

Génin, P.-A.: **Karneval von Venedig;** mit Georges Truc (Klavier). French Columbia D 11062. (1)

dito; mit Klavier. French HMV K-5165. (14)

Fantaisie avec Variations sur un Air Napolitain; mit Louis Moyse (Klavier). Odeon 165.853. (12)

Gluck: **Reigen seliger Geister;** mit Klavier. French HMV K-5266. (2)

dito; mit dem Orchestre Symphonique de Paris unter der Leitung von Henri Tomasi (aus einer Opernkollektion); Columbia LX.429; Pathe PDT.24; American Columbia 69250D. (5)

dito; Orchester wie oben unter der Leitung von Elie Cohen. Columbia DX.60. (14)

'Plus j'observe ces lieux,' (Arie des Renaud) aus 'Armide', mit Joseph Rogatchewsky (Tenor) & einem Orchester unter der Leitung von Elie Cohen. French Columbia LF 76; American Columbia 4127-M.

Godard: **Idylle;** (2.Satz der Suite op.116), mit Louis Moyse (Klavier). Odeon 165.853. (14)

Händel: **Sonate G-Dur;** daraus Menuett und Allegro, mit Klavier. French HMV K-5266. (10)

Hoerée: **Septett op. 3;** mit Regine de Lormoy (Mezzosopran), Pierre-Marie (Klavier), Schwartz & Galland (Geigen), Quattrochi (Bratsche) & Pascal (Cello). French HMV L 898.

Honegger: **Petite Suite;** daraus der zweite Satz; mit Louis Moyse (2.Flöte). Le Chant du Monde 530.

Hüe: **Fantaisie;** mit Georges Truc (Klavier). French Columbia 11006. (12)

Ibert: **Entr'acte;** mit Jean Lafon (Gitarre). Le Chant du Monde 530, 518. (12)

Konzert; mit einem Orchester unter der Leitung von Eugene Bigot. French HMV L 1013\4. (12)

Pièce pour Flute seule. French Columbia DF 1801; American Columbia 17066. (12)

Lalo: **Namouna - Parade de Foire.** Société des Concerts du Conservatoire unter der Leitung von Piero Coppola. French HMV W 1173.

Martinu: **Sonate für Flöte, Geige und Klavier;** mit Blanche Honegger-Moyse (Geige) & Louis Moyse (Klavier). French HMV L 1047\8; Victor 12493\4. (2)

Meyerbeer: **Ombre Légère;** obligate Partie zu Yvonne Brothier (Sopran) mit einem Orchester unter der Leitung von G. Diot. French HMV P 831.

Moyse, L.: **Sérénade;** mit Louis Moyse (2. Flöte) & Blanche Honegger-Moyse (Bratsche). French HMV SK 106. (11)

Mozart: **Konzert KV 313;** Kadenzen von Taffanel; mit einem Orchester unter der Leitung von Eugène Bigot. French HMV L 1021\3; Victor Masterworks Set M 396 und Victor 12123\5. (6)

Konzert KV 314; Kadenz des ersten Satzes von Donjon; mit einem Orchester unter der Leitung von Piero Coppola. HMV C 2258\9; French HMV L 835\6 und Victor 12477\8. (6) & (7)

Konzert für Flöte und Harfe KV 299; Kadenz des dritten Satzes von Graener); mit Lily Laskine (Harfe) & einem Orchester unter der Leitung von Piero Coppola. HMV C 2387\9; C 7219\21; French HMV L 876\8 und Victor 11324\6. (7)

Naudot: **Sonate h-Moll op.6, Nr.1;** für zwei Flöten; 1. und 2. Satz; mit Louis Moyse (2.Flöte). L'Oiseau-Lyre OL 26. (11)

Neubauer: **Adagio für Flöte und Bratsche;** mit Blanche Honegger-Moyse (Bratsche). Victor 12492; French HMV DB 5080. (10)

Noblot: **Mélodie;** mit Louis Moyse (Klavier). Odeon 165.856.

Tadasuke; O.:   **Yoi Machigusa;** 'Die Abendprimel'; mit Klavier. Japanese Columbia LP OZ- 7554-N und JX 1176.

Pierné: **Sonata da Camera;** mit Lopez (Cello) & Gabriel Pierné (Klavier). Columbia 5275\7; French Col D 13063\5.

Ravel: **Introduction & Allegro;** mit Lily Laskine (Harfe), Ulysse Delécluse (Klarinette) & dem Calvet Quartett. French HMV K-8168\9; Victor 4509\10. (4) & (15)

Reichert: **Fantaisie;** mit Louis Moyse (Klavier). French Columbia DF 1312.

Rossini: **Ouvertüre zu Wilhelm Tell;** mit der Société des Concerts du Conservatoire unter der Leitung von Piero Coppola. French HMV DA 4833\4.

Roussel: **Joueurs de Flute;** Pan, Tityre & M. de la Péjaudie; mit Joseph Benvenuti (Klavier). French Col. DF 1800; American Columbia 17090D. (11)

Rumeau: **Quintett;** mit Y. Bleuzet (Klavier), Bleuzet (Oboe), Costes (Klarinette) und F. Oubrados (Fagott). French Col. D11060\2.

Saint-Saens: **Le Cygne;** bearbeitet von Taffanel; mit Klavier. Odeon 165.856.

      Aquarium & Volière aus 'Karneval der Tiere'; mit dem Orchestre Symphonique de Paris unter der Leitung von Georges Truc. Columbia 9520; French Columbia 12505.

Schultze: **Sonate Nr. 1 e-Moll für zwei Flöten;** 3. und 4. Satz; mit Louis Moyse (2. Flöte). French HMV DB 5080; Victor 12492. (10)

Seghers: **Souvenir de Gand;** mit Louis Moyse (Klavier). French Columbia DF 1312.

Strawinsky: **Oktett;** mit Godeau (Klarinette), Dherin & Piard (Fagott), Foveau & Vignal (Trompete), Lafosse & Delbos (Posaune) unter der Leitung von Igor Strawinsky. Columbia LX 308\9; French Columbia LFX 287\8; American Columbia Set CX 25; German Columbia LWX 222\3; Italian Columbia GQX 11086\7. (17)

Sugiyama, H: **Hanayome Ningyo;** mit Louis Moyse (Klavier). Japanese Columbia D 19056. (1)

Taffanel: **Andante Pastorale;** mit Georges Truc (Klavier). French Columbia D 19056. (1)

      Scherzettino; mit Georges Truc (Klavier). French Columbia D 19088.

Taki, R.:   **Kojo No Tsuki;** bearbeitet von L. Moyse; mit Klavier. Muramatsu LP MGF-1003; Japanese Col. LP, OZ-7554-N.

Telemann: **Quartett e-Moll;** mit Jean Pasquier (Geige), Etienne Pasquier (Cello) & Ruggero Gerlin (Cembalo). L'Anthologie Sonore 26.

Tschaikowsky: **Andante Cantabile** aus dem Streichquartett op.11; mit Louis Moyse (Klavier). Columbia DX 721. (1)

Wetzger: **Am Waldesbach,** op.33; mit Louis Moyse (Klavier). Columbia DX 721. (1)

Woodall:	**Serenade;** mit Louis Moyse (Klavier). Columbia DB.1645; Columbia DO.1607 (Australien). (11)
Yamada:	**Karatachi No Hana 'Dreiblättrige Orangenblüte';** mit Louis Moyse (Klavier). Japanese Columbia LP OZ-7554-N.
Trad.:	**Comin' Thro' the Rye;** mit Louis Moyse Klavier. Japanese Columbia LP OZ-7554-N.
M–99	**The French Flute School at Home** - How to practise studies; (Andersen, Soussmann, Fürstenau, M.Moyse).
M–101	**Tone Development through Interpretation;** 'Melodienbuch (Bach, Beethoven, Bizet, Bruneau, Massenet, Tulou, Verdi, Wagner).
M–102 (1)	**Flute Recital;** (Debussy, Doppler, Couperin, Roussel, usw.).
M–103 (2)	**Mozart-Konzerte in G-Dur, D-Dur; Gluck 'Reigen...'; Martinu Triosonate; Bach Triosonate.**
M–110 (3)	**The French School of Flute Playing** - mit Moyse, Gaubert und Hennebains sowie Louis Moyse und Blanche Honegger-Moyse.
MGF 1007	wie M110

M–99 = Muramatsu MGF 1001; M–101 = MFG 1002; M–102 = MGF 1003

LP-Wiederveröffentlichungen
von Moyse-Aufnahmen mit 78 U/min.

Bach:	**h-Moll Suite;** (mit A. Busch); French EMI; (8). (Serie Références) 2C 151-03.960.
	(8) **dito;** auch auf Englisch EMI, SHB 68.
	(9) **Brandenburgische Konzerte;** French EMI (Serie Références) 2C 151-43067\8; auch HMV COLC 13 (NR. 2) & COLC 14 (4 & 5)
	5. Brandenburgisches Konzert; (mit A. Busch), erhältlich als Teil von Seraphim 1C 6043, „Age of the Great Instrumentalists."
Beethoven:	**Serenade** (14)
Godard:	**Idylle**
Genin:	**Karneval von Venedig**
Gluck:	**Reigen seliger Geister;** Pearl GEMM 302.
Debussy:	**Sonate** (13)
Dvořàk:	**Humoreske**
Drigo:	**Serenade;** Pearl GEMM 284
de Falla:	(16) **Cembalo-Konzert.** French EMI C 153-1624\2.
Gluck:	(8) **Reigen seliger Geister** (unter der Leitung von H. Tomasi). Vox OPX 200. (Die Platte mit 78 U/min. stammt aus einer auszugsweisen Zusammenstellung der Oper - die vorliegende LP-Neuauflage ist wiederum ein Auszug aus dieser Zusammenstellung).
Mozart:	(6) **Flötenkonzerte KV 313 & KV 314.** French EMI (Serie Références) 2C 051-73056.
	(7) **Konzert KV 314 und Konzert für Flöte und Harfe.** Rococo OZ-7542-RC.

Ravel:	(4) **Introduction & Allegro.** French EMI 2C 061-11.305M.
	(15) **Introduction & Allegro**
Debussy:	**Sonate;** EMI Références 291223.
Taki:	**Kojo no Tsuki**
Ohno:	**Yoi machigusa**
Yamada:	**Karatch no Hana**
Trad.:	**Comin' Thro' The Rye**
Sugiyama:	**Hanayome Ningyo;** Japanese Columbia OZ-7554-N.

Muramatsu LPs

MGF–1003:	F. Couperin:	Le Rossignol en Amour. Doppler: Ungarische Pastoral-fantasie (1) (Columbia Aufnahme)
	Ferroud:	Toan-Yan (aus den 'Trois Pièces')
	Dvořàk:	Humoreske
	Roussel:	M. de la Péjaudie & Tityre
	Debussy:	Syrinx
	T. Rentaro/ L. Moyse:	Kojo no Tsuki
	Taffanel:	Andante Pastorale
	Wetzger:	Am Waldesbach
	Tschaikowsky:	Andante Cantabile
	Genin:	Karneval von Venedig; (Columbia Aufnahme)
MGF–1004: (10)	Beethoven:	Serenade; Neubauer: Adagio für Flöte und Bratsche;
	Beethoven:	Trio G-Dur; Schultze: Sonate e-Moll für zwei Flöten (auf der originalen 78er Platte Händel zugeschrieben).
	Händel:	Sonate G-Dur, op. 1 Nr. 5 - Menuett und Allegro
MGF–1005 (11)	Blavet:	Sonate 'La Vibray'
	Telemann:	Triosonate E-Dur
	Naudot:	Sonate h-Moll für zwei Flöten
	Woodall:	Serenade
	Ferroud:	Trois Pièces
	Roussel:	Pan, M. de la Péjaudie & Tityre aus Joueurs de Flute
	Gennaro:	Aubade Printanière
	L. Moyse:	Sérénade
MGF–1006:	Ibert:	Konzert - 1. Satz
	Ibert:	Pièce
	Ibert:	Entr'acte
	Bate:	Sonate
	Genin:	Fantaisie avec Variations sur un Air Napolitain
	Bizet:	Menuett
	Borne:	Carmen-Fantasie
	Gaubert:	Madrigal
	Hüe:	Fantaisie

Anhang 4

Filmdokumente und Videoaufzeichnungen

1.) <u>Acht Videobänder über die Lehrweise Marcel Moyses</u>
Diese Bänder sind nicht editiert und liegen zum Zeitpunkt der Niederschrift dieses Buches nur im NTSC–Format (USA und internationaler Videostandard) vor. Man kann sie einzeln oder zusammen bei Moyse Enterprises (Adresse unten) erwerben. Sie wurden um 1975 aufgenommen.

2.) <u>Marcel Moyse – The grand old Man of the Flute</u>
Videofilm, erzählt von James Galway.
In PAL (United Kingdom) oder NTSC erhältlich.

Die Cassetten sind erhältlich bei:

> Moyse Enterpriese
> c/o Michel Moyse
> Box 147, RFD #2
> West Brattleboro,
> Vermont 05301
> U.S.A.

3.) <u>Meisterkurs Kopenhagen 1969</u>
Dieser Film wurde privat für die Studenten des Königlich Dänischen Konservatoriums aufgenommen.

4.) <u>Ein französischer Fensehbericht</u> über Leben und Werk von Marcel Moyse aus dem Jahr 1964.

Nähere Informationen liegen nicht vor.

Anhang 5

Die „Marcel-Moyse-Gesellschaft"

Ziel und Zweck

Die „Marcel-Moyse-Gesellschaft" widmet sich der Pflege und Verbreitung der Lehrweise und des Künstlertums eines der bedeutendsten Flötisten des 20. Jahrhunderts und unterstützt in diesem Zusammenhang außergewöhnliche musikalische Begabungen aller Instrumentengruppen. Die Gesellschaft unterstützt Projekte, die nicht nur dem Andenken der Person Marcel Moyses dienen, sondern sich auf seinen musikalischen Einfluß stützen und ihn erhalten sollen.

Über die „Marcel-Moyse-Gesellschaft"

Im Frühling 1985 wurde eine Ausstellung über Marcel Moyse für das Festival der National Flute Association, das im August in Denver/Colorado stattfand, vorbereitet. Moyse war im November 1984 gestorben. Diese Ausstellung sollte eine Würdigung seines Lebens und Werkes

darstellen. Beim Katalogisieren des Archivbestandes im Sommer wurde deutlich, daß die umfangreiche Sammlung von Briefen, Manuskripten, Instrumenten, Photographien, Aufnahmen und anderem Material für zukünftige Studien bewahrt werden sollte. Um dieses Vorhaben zu realisieren, fand sich ein Komitee aus Freunden und früheren Schülern, von denen viele bekannte Künstler sind, zusammen. In den nächsten Jahren emtwickelte sich aus diesem Kreis eine Gesellschaft, die sich 1989 für weitere Mitglieder öffnete. Die Aktivitäten nahmen zu und beinhalteten unter anderem das Sponsoring der Konzerte zum hundertsten Geburtstag in Brattleboro und Marlboro, eine zweite Ausstellung im Rahmen der Flute Convention 1989 in New Orleans und die jährliche Veröffentlichung einer Zeitschrift. Die Marcel-Moyse-Ge-

Abb. 89 Marcel Moyse und der Autor, Boswil, Schweiz, 1968

sellschaft hat momentan über 200 Mitglieder. Aktuelle Vorhaben sind die Einrichtung eines Archives in der New York Public Library, die Wiederauflage vergriffener Aufnahmen und der Kompositionsauftrag eines Werkes zur Erinnerung an Marcel Moyse. Die Jahreszeitschrift ist ein Medium, in dem Artikel über Moyse, sein Unterrichtsmaterial und verwandte Themen gepflegt werden. Sie stellt den Mitgliedern aktuelle Informationen und andere Hilfen zur Verfügung. Bei Interesse an weiteren Einzelheiten – auch zu einem möglichen Beitritt – wenden Sie sich bitte an die unten genannte Adresse. Lassen Sie uns wissen, wenn sie Ideen haben oder wenn Sie einfach mehr Anteil nehmen wollen. Mit der tatkräftigen Hilfe der Mitglieder hoffen wir, unsere Pläne zum Nutzen der gesamten musikalischen Gemeinschaft in die Tat umsetzen zu können.

Nancy Andrew, Vorsitzende

Für nähere Informationen wenden Sie sich bitte an:

> The Marcel Moyse Society
> P.O.Box 5602
> Baltimore, MD 21210
> U.S.A

Anhang 6

Literaturverzeichnis des Verfassers

Neben den – bereits vorne unter Interviewquellen genannten – aufgenommenen und live geführten Gesprächen bestehen die Quellen des Verfassers vor allem aus seinen eigenen Notizen während der Meisterkurse in den Jahren 1965–1978 (Boswil), 1969 und 1970 (Canterbury), 1978–1983 (St. Amour) und in seinem – allerdings fehlbaren – Gedächtnis. Zusätzliche Informationen fanden sich in den folgenden Artikeln und Büchern:

DeLaney, Charles: „**A Paris Conservatory Course of Study; Passing on the Tradition.**" The Marcel Moyse Society Newsletter, Brief von Moyse, übersetzt von Luis Battle und Julia Bogorad, Band 3, Nr.1 (April 1992). Seite 2–4.

Dorgeuille, Claude: „**The French Flute School**": 1860–1950. Übersetzt und herausgegeben von Edward Blakeman. London: Tony Bingham, 1986.

Gaubert, Philippe: „**Briefe an Marcel Moyse.**" in den 30er Jahren.

Moser, Aloys: „**Was über Marcel Moyse gesagt wird.**" Aus La Suisse, Genf. Aufdruck auf der Rückseite einer Moyse-Platte, M–103.

Moyse, Dominique: „**In memory of Marcel Moyse.**" Biographische Anmerkungen zu Marcel Moyse aus dem „Memorial" Programm, Brattleboro, Vermont, 3.Februar 1985.

Moyse, Marcel: „**How I Stayed in Shape.**" Englische Übersetzung von Paul M. Douglas. West Brattleboro, Vermont: im Selbstverlag, undatiert.

Moyse, Marcel: „**Brief an Madame Jaunet.**" Übersetzt von Charles Graham, datiert: 4.April 1966.

Moyse, Marcel: „**Briefe an Trevor Wye.**" Unter Bezugnahme auf die Kurse in Canterbury, datiert: 2. Juli 1970 und undatiert.

Taruskin, Richard: „**Tradition and Authority.**" Early Music, Band XX, Nr.2 (Mai 1992), Seite 318.

Vuillermoz, Jean: „**Marcel Moyse on his Method of Learning the Flute.**" Übersetzt und mit einer Einführung versehen von Edward Blakeman, Edward Blakeman, 1985, Seite 5

Anhang 7

Weiterführende Literatur

Aitken, R.:	„Marcel Moyse - A Long and productive Life." NFA Newsletter, Februar 1979.
Andrew, N.:	„Centennial Celebrations" Flute Talk, Mai/Juni 1989.
	„Marcel Moyse Centennial" The Flutist Quarterly, Frühjahr 1989.
Arrigo, E. & Tillack, D.:	„Marcel Moyse" Flute Forum, Frühjahr 1961.
Baumann, J.M.:	„The Living Heritage of Marcel Moyse" Flute Talk, Mai/Juni 1989
	„Peter Lloyd remembers Moyse." Flute Talk, März 1990
Bertrand, L.:	„Marcel Moyse" übersetzt von Rachel Wood. Pan, Juni 1985.
Blakeman, E.:	„The Sound which sings (Marcel Moyse)." The Listener, 23.Mai 1985.
Braun, G.:	„Glückwünsche für Marcel Moyse." Tibia, 2/1979.
Brett, A.:	„The French Style in America." The Flute Worker, Winter 1985.
	„The other French Players." The Flute Worker, Winter 1985.
	„300 Years of the French School." The Flute Worker, November 1982.
Cobert, J. N.:	„A Thematic Index with Pedagogigal Commentary to the Flute Works of Marcel Moyse." Doktorarbeit, Florida State University, 1972.
de Lorenzo, L.:	„My complete Story of the Flute." New York: Citadel Press, 1951, Seite 261-262; Neudruck durch die National Flute Association of America 1992.
Dorgeuille, Cl.:	„The French Flute School 1860-1950." übersetzt und herausgegeben von Edward Blakeman, mit einer Diskographie von Christopher Steward. London: Tony Bingham, 1986. (Erstveröffentlichung in Französisch, Paris: Editions Coderg & Tours Librairie Ars Musicae, 1983)
Estevan, P.:	„Talking with Flutists." Edu-Tainment, 1976. (Viele Fehler!)
Etienne, D.E.:	„A Comparison and Application of Select Teaching Methods for Flute by Henri Altès, Paul Taffanel, Philippe Gaubert, Marcel Moyse and Trevor Wye." Doktorarbeit, Louisiana State University and Agricultural and Mechanical College, 1988; Universitätsmicrofilm Nr. DA 88-19936.
Gärtner, J.:	„Das Vibrato unter besonderer Berücksichtigung der Verhältnisse bei Flötisten." Regensburg: Bosse Verlag, 1981; Seite 44.
Heimenz, J.:	„Marcel Moyse, Master Flutist: 'I imitate Caruso.'" Hi-Fi/Musical America, Januar 1975; Seite MA-14.
Hinton-Braaten,K:	„The Grand Old Man of the Flute." New York Times, 1.Juli 1979.
Ljungar-Chapelon, A.:	„Introduction to his reprint of Syrinx." Erschienen bei Autographus Musicus, Malmö/Schweden.

Keefe, L.:	„The Magic of Moyse." Flute Talk, Mai/Juni 1989.
Kozinn, A.:	„The Miracle of Marlboro: Rudolf Serkins Musical Mecca." Ovation; Juni 1981; Seite 10.
Lawrence, E.:	„Interview with Marcel Moyse." NFA Newsletter, Februar 1979
	„Marcel (Joseph) Moyse." New Grove Dictionary of Music, Band 12, Seite 661.
	„Marcel Moyse, Flutist: A Founder of Marlboro." New York Times, 2.November 1984, Seite D18.
	„Marcel Moyse: Publications and Records." NFA Newsletter, Februar 1979.
Marlboro Music School and Festival:	„The first twenty-five Years." Programme 1951-1975; Marlboro 1976.
McCutchan, A.:	„Marcel Moyse. A biographical Sketch." Flute Talk, Mai/Juni 1989.
	„Voice of the Flute: Remembering Marcel Moyse." Chamber Music; Sommer 1989, Seite 18; Herbst 1989, Seite 21.
Meylan, R.:	„The Flute." übersetzt von Andrew Clayton. London: B. T. Batsford, 1988.
	„Mein Studienplan bei Marcel Moyse." Tibia, 10 (1985)
Montgomery, W.:	„Bernard Goldberg - Carrying on the Tradition." Flute Talk, Januar 1985.
Moscovitz, H.:	„Moyse Recordings." Woodwind Magazine, Januar 1950.
	„Moyse arrives in the United States, to head Department at Marlboro College." Woodwind Magazine, Dezember 1949.
Moyse, L.:	„Hommage to Marcel Moyse." (Rede, gehalten auf der NFA Convention, Atlanta/Georgia, 21.August 1976), NFA Newsletter, März 1979.
	„My Father, Marcel Moyse: The Man, The Artist." The Flutist Quarterly, Sommer 1985.
Moyse, M.:	„Marcel Moyse on Flute Playing." übersetzt von Maud La Charme; Symphony, Juni/Juli 1949.
	„The Unsolvable Problem: Considerations on Flute Vibrato." Woodwind World, 2, Nr. 7 (1950), 4.; März/April, Mai 1950, Februar 1952.
	„Moyse plans a Trip to the United States." Woodwind Magazine, Februar 1949.
Older, J.:	„Marcel Moyse: The Magic Flutist." Woodwind World Brass and Percussion, 18, Nr.4 (1979), Seiten 8-10. „Praises for Moyse." The Washington Flute Scene, Oktober-November 1979, Seiten 3-4.
	„Remembrances of Marcel Moyse." The Flutists Quarterly, Winter 1984.
Swilley, W.S.:	„A Comprehensive Performance Project in Flute Literature with an Essay on Flute Embouchure Pedagogy in the United States from ca. 1925-1977 as described in Selected Writings." Doktorarbeit, University of Iowa, 1978. University Microfilms #79-05663.
	„A Tribute to Marcel Moyse." The Flutists Quarterly, Winter 1984.
Vuillermoz, J.:	„Marcel Moyse on his Method of Learning the Flute." Übersetzt und mit einer Einführung versehen von Edward Blakeman. The Flutist Quarterly, Frühling 1985; Pan, Dezember 1985 (ursprünglich veröffentlicht unter dem Titel: „M. Moyse nous parle de son Enseignement de Flûte." in Musique et Concours, Oktober 1935).
	„Marcel Moyse: An Appreciation." Pan, März 1985.
Wye, T.:	„Marcel Moyse 1889-1984." Pan, Juni 1985.

Anhang 8

Zeitschriften und Magazine

The Flutist Quarterly: Zeitschrift der National Flute Association, U.S.A.

Flute Talk: Monatlich erscheinende Zeitschrift, U.S.A.

Pan: Zeitschrift der Britischen Flötengesellschaft.

Tibia: Zeitschrift für Holzbläser, in Deutsch bei Moeck veröffentlicht.

Andere: Flute Forum, Woodwind World, Woodwind Magazine, Flute Worker werden nicht mehr veröffentlicht.

Ergänzung durch den Übersetzer:

Flöte Aktuell: Zeitschrift der Deutschen Gesellschaft für Flöte, Frankfurt/M.

Anhang 9

Probespiel an der Pariser Oper

1922 wurde Moyse durch Abstimmung einer Jury aus mehreren Bewerbern ausgewählt und zum Soloflötisten der Pariser Oper berufen. Er lehnte jedoch ab. Hier sind die beiden Berichte der Kommission abgedruckt. Der erste wurde direkt nach dem Probespiel verfaßt, der zweite, nachdem Moyse abgelehnt hatte. Konsequenterweise berief man M.Boulze auf die Stelle.

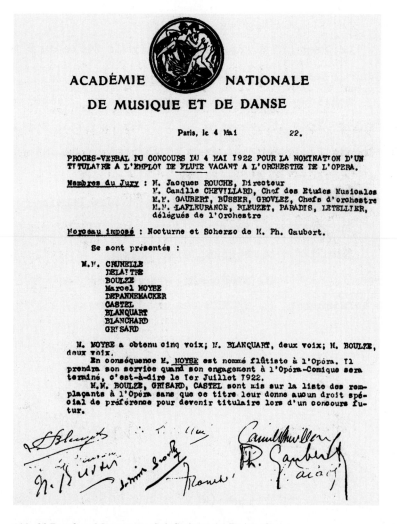

Abb. 90 Berufung Moyses zum Soloflötisten der Pariser Oper

1922 *Flöte*

ACADÉMIE NATIONALE
DE MUSIQUE ET DE DANSE

Paris, le 29 Mai 19 22.

Le Jury qui a jugé le concours de flûte du 4 Mai s'est réuni le 29 Mai, à 16 H. 1/2.

Monsieur Rouché annonce que M. Moyse n'accepte pas d'entrer dans l'orchestre de l'Opéra et donne lecture de ses lettres. Il demande au Jury s'il y a lieu de faire un nouveau concours ou si un nouveau vote suffit.

Le Jury déclare le nouveau concours inutile.

On procède au vote.

Résultat : M. BOULZE, cinq voix

M. BLANQUART, quatre voix.

En conséquence, M. BOULZE est nommé flûtiste à l'Opéra.

Abb. 91 Dokument über die Absage Moyses und die Berufung Boulzes